校企合作市场营销专业精品教材

互联网＋教育改革新理念教材

商务谈判

（第2版）

主编　吴代文　马瑞山

内容提要

本书本着精讲理论、突出应用、培养技能的目标，系统讲述了商务谈判的相关知识。全书共分 10 个项目，具体内容包括认识商务谈判、洞悉商务谈判心理、学习商务谈判技巧、提升商务谈判礼仪修养、商务谈判——准备、商务谈判——开局、商务谈判——磋商、商务谈判——结束、了解国际商务谈判和了解网络商务谈判。

本书内容全面、结构合理，语言通俗易懂，且有丰富的案例及多样的实践活动，集理论性与操作性于一体。本书既可作为各类院校市场营销及相关专业的教材，也可作为广大商务人士的培训用书和自学读物。

图书在版编目（CIP）数据

商务谈判 / 吴代文，马瑞山主编. -- 2 版. -- 上海：上海交通大学出版社，2022.2（2023.9 重印）
ISBN 978-7-313-25497-9

Ⅰ. ①商… Ⅱ. ①吴… ②马… Ⅲ. ①商务谈判 Ⅳ. ①F715.4

中国版本图书馆 CIP 数据核字(2021)第 195588 号

商务谈判（第 2 版）
SHANGWU TANPAN（DI-ER BAN）

主　　编：吴代文　马瑞山
出版发行：上海交通大学出版社
地　　址：上海市番禺路 951 号
邮政编码：200030
电　　话：021-64071208
印　　制：北京京华铭诚工贸有限公司
经　　销：全国新华书店
开　　本：787mm×1092mm　1/16
印　　张：13
字　　数：291 千字
版　　次：2022 年 2 月第 2 版
印　　次：2023 年 9 月第 4 次印刷
书　　号：ISBN 978-7-313-25497-9
定　　价：45.00 元

PREFACE 前言

在当今社会，谈判已经深入社会生活的各个方面，小到生活中的讨价还价，大到国家与国家之间的经济技术交流，都离不开谈判。在商务活动中，谈判更是必不可少的一环。在谈判过程中，谈判人员的谈判技巧、行为举止等都对谈判双方能否融洽会谈、友好磋商，并最终就某一目标达成一致起着至关重要的作用。因此，对于市场营销及相关专业的学生来说，树立正确的谈判理念，掌握谈判的技巧及相关的谈判礼仪，将有助于其今后的职业发展。

基于此，我们本着精讲理论、突出应用、培养技能的目标，对《商务谈判》第一版进行了修订和完善。本次修订着重突出了教材的实践性，采用校企合作编写的模式，强调知识传授与技能培养并重；更新了部分较为陈旧的知识和案例，增强了教材的时代性。同时，深入挖掘课程所蕴含的思想政治教育资源，将知识传授、能力培养与思想政治教育相结合。

本书在编写过程中突出了以下特点：

1. 素质引领，立德树人

党的二十大报告指出："育人的根本在于立德。"本书有机融入党的二十大精神，以"以人为本、以社会利益为先"的营销价值理念为指引，旨在帮助学生树立正确的竞争观念，培养社会责任感，培养正确的世界观、人生观和价值观。希望通过本书的学习，让学生在掌握商务谈判的基本知识和技能的同时，接受素质教育培养，实现价值塑造、能力培养、知识传授三位一体的人才培养目标，为学生终身发展服务。

2. 校企合作，职业导向

本书以注重校企文化之间的关联性、连续性和系统性为前提，充分考虑学生的认知发展规律，围绕商务谈判人员所需要的职业能力进行编写，对学科知识与职业能力的关系进行了恰当处理，突出实用性，努力构建起以能力为本位、以职业实践为主线的模块化体系，重点介绍了商务谈判基本流程及技巧等相关内容，从而帮助学生掌握全面的职业知识与技能。

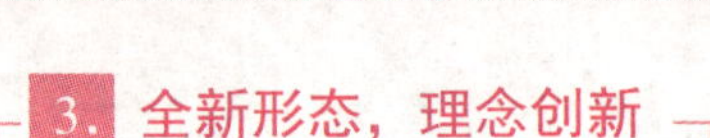

3. 全新形态，理念创新

本书切实践行“以学生为主体，以教师为主导，以能力为根本”的教育理念，按照“必需、够用、兼顾发展”的原则组织内容。在设计教材体例时，安排了形式多样的课堂互动和拓展实践，能够促进学生积极思考、学以致用，使其掌握开展商务谈判活动的基本技能，培养在未来职场中的实践能力。

4. 资源丰富，宜教易学

本书配备了与内容相关的微课视频，既能为教师开展课堂教学活动提供参考，又能为学生带来全方位的学习体验。同时，为了方便学校管理、教师教学和学生自学，本书与一款集教学管理、教学支撑于一体的文旌综合教育平台“文旌课堂”（www.wenjingketang.com）开展了深度合作，学校可借助该平台管理校本课程，教师可借助该平台管理各种教学资源（如教学课件、微课视频等）、布置作业、组织考试，学生可借助该平台阅读课外资源、提交作业、进行线上练习、参加考试等。师生在教与学的过程中有任何疑问，都可以登录该平台寻求帮助。

5. 项目引领，任务驱动

商务谈判是一门理论与实践密切结合的应用型课程。基于这一特征，本书大胆创新，依据“行动导向法”“情景式探索活动法”等教学方法设计体例、安排内容，每一项目均包含以下模块：

- **项目导读：** 点明主题，让学生了解各项目的主要内容和重点知识。
- **学习目标：** 提出每个项目学生应该达到的目标，让学生带着任务去学习。
- **谈判现场：** 选取生动有趣的商务谈判案例，设置启发性问题，让学生带着问题去学习。
- **谈判课堂：** 重点讲解相关理论知识和谈判技能，同时配以“谈判典例”“谈判小贴士”“谈判问答”“拓展阅读”等体例，帮助学生加深对所学知识的理解，同时拓宽知识面。
- **实战演练：** 通过多个工作任务引导学生将所学知识应用到实践中。

本书由吴代文、马瑞山担任主编，汪珍、潘刚、郝圣芳担任副主编。在编写过程中，编者参阅和借鉴了大量的相关文献资料，在此向文献作者和资料提供者表示衷心的感谢。

由于编者水平有限，书中难免存在疏漏与不当之处，敬请广大读者批评指正。

目录
CONTENTS

项目 1

认识商务谈判

项目导读

商务谈判是完成交易、获取利益、实现目标的重要环节，贯穿于商务活动的全过程，无论是国内贸易还是对外贸易，都离不开谈判。随着市场经济的深入发展和日趋完善，企业间的经济交往越来越频繁，商务谈判也在我国经济和企业活动中发挥着越来越重要的作用。

学习目标

知识目标

- ✧ 了解商务谈判的概念
- ✧ 熟悉商务谈判的要素和特征
- ✧ 熟悉商务谈判的基本原则及作用
- ✧ 熟悉商务谈判的一般类型
- ✧ 掌握商务谈判的基本流程
- ✧ 熟悉商务谈判可能面临的风险
- ✧ 掌握预测和控制商务谈判风险的方法

技能目标

- ✧ 能够正确运用商务谈判原则
- ✧ 具有初步认识并判断商务谈判类型的能力

素质目标

- ✧ 正确认识商务谈判，培养风险意识
- ✧ 能够正确看待商务谈判的成败，养成平和的心态
- ✧ 能够实事求是，做到人与问题分开看待

谈判现场

医保代表“买菜式砍价谈判”

2019 年年底，一则医保代表和药企的谈判视频火遍全网。为了一款国际价 7～8 元的治疗糖尿病的新药（达格列净片），双方展开了价格谈判。此次谈判被网友称之为“灵魂砍价”。

在谈判刚开始时，医保代表就开诚布公：“报价有两次，如果两次达不到我们的心理价位，（或者）超过医保支付标准的 15%，那就自己出局。”

现场的药企代表第一次报价 10 毫克 5.62 元。医保代表对此则指出，“再次提醒你，一定要落在底价的 15%以内。”药企代表重新报价为 4.72 元，下降 0.9 元。这一报价达到了继续谈判的标准。医保代表指出中国患糖尿病的人口数达到总人口的 10%，而如果其中有 10%的人用该企业的药品，那即使药品价格再稍降一些，企业的利润也将是巨大的。希望对方下一轮报价能够再适当考虑。

药企代表第三次报价 4.62 元，再降 0.1 元。医保代表回应道：“中国市场这么大，你再去跟公司申请一下吧，给你 5 分钟，好吧？”

电话请示过上级后，药企代表给出了 4.5 元的第四次报价，比之前下降了 0.12 元。并以该药品在韩国的价格为例，表明这已经是全球最低价了。而医保代表在观察药企代表的神情后，认为 4.5 元肯定不是对方得到授权后的最低价，于是继续砍价。药企代表再次走出会场打电话商量报价，最终提出 4.4 元的价格。

医保谈判“灵魂砍价”

“这样吧，4 太多，中国人觉得难听，再降 4 分钱吧，4.36 元行不行？”

“好，同意。”

参与谈判的浙江省医保局医药服务管理处处长许伟说：“有的药品我们是一分一分往下谈的。一分钱，对全国来说，可能就是几十万甚至几百万。我们这次谈判总的方向就是尽可能减轻老百姓负担。”按照 2019 年达格列净片在某家店商的售价，每粒 10 毫克的售价为 14.64 元，而医保谈判的最终售价为 4.36 元，按照这个价格进入医保目录后，降价幅度超过了 70%。这对人民群众来说是一件极好的事情。

思考

你了解商务谈判吗？案例中医保代表与药企代表的谈判与你印象中的商务谈判是否一样？

谈判课堂

任务 1.1 了解商务谈判的基础知识

1.1.1 谈判与商务谈判

所谓谈判，是指参与方为了协调彼此之间的关系，满足各自的需要，通过协商来争取达成意见一致的行为过程。

商务谈判是谈判的一种，具体是指两个或两个以上从事商务活动的组织或个人，为了满足各自经济利益的需要，就交易活动的各种条件进行洽谈、磋商，以争取达成协议的行为过程。

谈判典例

三源公司已连续两年亏损，目前财务状况资不抵债，其最大债主是荣欣公司。三源公司当前所剩资产正好相当于对荣欣公司的负债，债务利息却无着落，为此两家公司进行了多次谈判，但仍无解决办法。

最近，三源公司有了人员变动，新任总经理决心改变经营方向。其与当地生物化学研究所（以下简称“研究所”）联系，提出对研究所的一些实用性强的研究专利进行生产开发。但研究所对这些专利索价 800 万元，这是三源公司难以承受的。况且如果要正式开展生产，三源公司还缺少一笔 100 万元的启动资金。

新任总经理召开会议，研究分析“二企一所”之间的关系与各自的需要。三源公司要还债、要改变经营方向，需要资金，包括购买专利的资金和启动资金；荣欣公司要讨还债款和利息；研究所要出让专利。经过详细的探讨，会议上形成了一个既满足自身需要又满足对方需要的计划。

新任总经理首先与研究所谈判，诚恳说明己方的开发计划和能力，希望对方能以 500 万元的价格出让专利，并以参股形式将此笔款项作为投资。显然，研究专利放在研究所里是不会产生效益的。对研究所来说，以专利做投资可以获得长期稳定的收益，是一种有吸引力的投资方式，但他们认为 500 万元的出价偏低了，经过磋商，谈定的专利转让价格为 620 万元。

接着，三源公司总经理又找荣欣公司谈判，把相关计划及与研究所的合作做了详细介绍，着重说明新的经营方向的美好前景，提出延期偿还债务，同时向荣欣公司再增借 100 万元作为启动资金，希望能得到荣欣公司的理解和支持。事实上，如果一定要三源公司立刻偿清以前的债务，那三源公司只能倒闭。其资产的账面价值虽与债务数额相当，但若通过拍卖将这些资产变现，可能还不足以抵偿债务数额的 1/3，而研究所专利项目的发展前景确实不错。

经过对风险和收益的认真评估，荣欣公司终于同意三源公司的计划，他们与三源公司详细研究了项目启动所需要的资金，经过又一轮磋商，确定新增借款 80 万元。至此谈判取得了圆满成功，这是一个漂亮的、三赢的结果。

1.1.2 商务谈判的要素

商务谈判的要素是指构成商务谈判活动的必备要素，主要包括谈判主体、谈判标的和谈判目的，这三者缺一不可。

1. 商务谈判主体

商务谈判主体由行为主体和关系主体构成。其中，行为主体是指实际参与谈判的双方当事人（见图 1-1）。根据各自承担的任务不同，行为主体又可分为两类：一类是在谈判桌上直接与对方进行面对面谈判的人员，即谈判的台前人员；另一类是不直接与对方谈判，而为己方谈判人员出谋划策、准备资料的人员，即谈判的台后人员。而关系主体是指在商务谈判中有权参加谈判并承担后果的自然人、社会组织及其他能够在谈判或履约中享有权利、承担义务的各种实体，如谈判人员所代表的企业等。

图 1-1 参与商务谈判的人员

2. 商务谈判标的

商务谈判标的是指谈判涉及的交易或买卖的对象，是谈判的起因。可以说，任何可以进行买卖的有形与无形的产品都可以作为商务谈判标的，其类别十分广泛，几乎没有什么限制。例如，货物贸易谈判的标的是货物；技术贸易谈判的标的是专利技术、专有技术、商标等；服务贸易谈判的标的是服务。

3. 商务谈判目的

商务谈判目的是指参与谈判的双方根据自身的需要，预先设想的通过与对方交谈、磋商，促使对方采取某种行动或做出某种承诺的行为目标和结果。一场谈判如果只有谈判主体与标的，却没有谈判目的，那么这个谈判将是毫无意义的。

1.1.3 商务谈判的特征

商务谈判作为谈判的一种主要类型，除了具备一般谈判的特质外，又具有商务活动的本质特性。通常来说，商务谈判主要具有以下特征。

1. 谈判目的的经济性

商务谈判的目的十分明确，就是要获取经济利益，所以其通常以价格为谈判的核心。在谈判时，虽然谈判人员可以调动和运用各种因素来影响谈判，其中许多是非经济因素，但对谈判影响最大的仍然是经济利益。此外，人们通常也以获取经济利益的多少来评价一次商务谈判的成功与否。

2. 谈判双方的排斥性和合作性

谈判是两方以上的交际活动，只有一方则无法进行谈判。而且因为经济利益，谈判双方彼此间既存在排斥性，又存在合作性。一方面，谈判双方都希望能够保证己方的利益，希望对方按照己方意愿行事，所以难免存在矛盾与冲突；另一方面，谈判双方又都需要对方的支持，所以存在合作的可能。例如，在买卖双方的谈判中，买方想以低价买进商品，卖方想以高价卖出商品，两者进行谈判，争取在达成合作的同时，最大程度地满足自己的需求。

3. 合同条款的严密性与准确性

商务谈判的结果是由谈判双方协商一致的协议或合同来体现的。合同条款实质上反映了谈判双方的权利和义务，其严密性与准确性是保障谈判双方合作后获得各种利益的重要前提。如果谈判人员在商务谈判中付出了较大努力，获得了谈判的胜利，却在拟定合同条款时掉以轻心，不注意其严密性与准确性，就很有可能为此付出沉重代价。

谈判问答

在商务谈判中，如果不注意合同条款的严密性和准确性，可能会产生什么后果？

4. 影响因素的多样性

影响商务谈判的因素具体包括企业自身因素、技术因素、市场因素、文化因素、法律因素和政策因素等。其中，企业自身因素指企业实力和竞争能力等，如果企业自身实力和竞争能力较弱，则很难在商务谈判中掌握主动权；技术因素指商务谈判涉及经济学、语言学、心理学、法学、管理学、社会学和行为科学等多门学科，如果谈判人员对这些学科的知识都有一定了解，其在商务谈判中掌握主动权的可能性就越大。由此可见，影响商务谈判的因素较为复杂多样。

1.1.4 商务谈判的原则

虽然每一项商务谈判都有其特殊的背景和条件，表现出来的谈判行为各具特色、互不相同，但任何一项商务谈判都是谈判双方共同解决问题、满足各自需求、达成一致协议的过程。在这一过程中，谈判双方需要遵循以下原则。

1. 实事求是原则

在商务谈判中，实事求是原则非常重要。在谈判前，谈判人员应该切实做好调查研究工作，充分了解己方和对方；在谈判时，双方应基于调查所得的信息提出合理要求，进行有效磋商，共同寻找一个彼此都比较满意的平衡点，从而使商务谈判顺利进行。

2. 平等互利原则

商务谈判是一项互惠互利的洽谈活动，只有遵循平等互利的原则，才能帮助企业同外界建立良好的业务往来关系。通常来说，平等互利原则包括以下两方面内容。

（1）谈判双方没有高低贵贱之分

虽然各企业的经营方式、经营能力，以及其从事经济活动的职能、规模、范围等各不相同，但在商务活动中，他们处于平等地位。企业间任何一项交易活动都应出于双方自愿，是否成交与怎样成交都要经过双方充分协商，凭借自己或他人的权势在谈判桌上欺压对方的做法是不可取的。

（2）谈判双方的需求都要得到满足

在商务谈判中，谈判双方都有自己的利益诉求，利益诉求不同必然存在分歧与冲突。此时，双方应立足分歧、强调互利，着眼于寻求彼此都能受益的解决方案，以促使谈判双方尽力发挥各自的创造性，加强合作解决问题的信心，避免流于表面的观点之争、立场之争，从而缩短谈判过程，提高谈判效率。

谈判典例

美国纽约印刷工会领导人伯特仑·波厄斯以“经济谈判毫不让步”而闻名全美。他在一次与报社的谈判中，不顾客观情况，坚持强硬立场，甚至两次号召印刷工人罢工，迫使报社满足了他提出的全部要求。报社被迫同意为印刷工人大幅度增加工资，并承诺不采用排版自动化等先进技术，以防止工人失业。

谈判结果是以伯特仑为首的工会一方大获全胜，报社却陷入困境。最终，三家大报社被迫合并，小报社倒闭，数千名印刷工人失业。

3. 合法原则

合法原则是指谈判双方在商务谈判及签订合同的过程中，必须遵守国家法律和政策；在对外商务谈判中，还应当遵循国际法则及对方国家有关法律法规。商务谈判签订的合同只有合法，才具有法律效力，当事人的权益才能受到保护。与法律相抵触的谈判，即使出于双方的自愿并且意见一致，也是不允许的。

4. 时效原则

时效原则是指要保证谈判的效率和效益的统一。商务谈判通常需要高效进行，而不能搞马拉松式的谈判，尤其是对于依赖科技进步的新产品。随着科学技术的发展，这些产品的开发周期和有效期越来越短，这就要求相关企业必须及时开展供需双方的谈判并尽快达成一致，以赢得消费市场。

5. 最低目标原则

最低目标原则是指谈判双方在谈判中最好不要提出过高的要求或苛刻的条件，而应在保证己方最低目标的前提下，做出适当的让步，满足对方部分需求，从而逐步加深双方对彼此的信任程度，这样才能引发出诱人的合作前景。

1.1.5 商务谈判的作用

商务谈判在现代经济社会中扮演着重要的角色，对企业的经营发展起着非常大的作用，具体表现在以下几个方面。

1. 加强企业间的联系

在现代市场经济中，商贸活动大多都要借助商务谈判才能成为现实。企业通过商务谈判，了解货物的买卖信息（如货品规格、品质、数量、价格、支付方式、交货方式和违约责任等），并就这些信息达成交易协议，从而实现资金、技术、设备、原材料和劳动力的最佳组合。同时，企业交易活动和生产经营活动中涉及的各种问题也需要通过相应的商务谈判来协商解决。因此，商务谈判能够促进企业之间的联系，是企业间经济联系的桥梁和纽带。

2. 帮助企业获取市场信息

商务谈判是企业获取市场信息的重要途径。谈判前的谈判标的确定、谈判对象选择、背景调查、计划安排等方方面面，都能够使企业获取最新的市场信息。同时，谈判中的相互磋商，本身也是信息沟通，它反映着市场的供求关系及其发展趋势，常常使当事双方得到有益的启示，从中获得许多有价值的信息。

3. 促进企业发展

企业发展离不开产品的扩大销售和各种生产要素的扩大引进，其中所涉及的各项交易都要通过一系列的商务谈判来完成。此外，商务谈判中谈判人员的优秀表现，还能够帮助企业树立良好的企业形象，促成合作。这都将极大地促进企业的发展。

任务 1.2 熟悉商务谈判的类型及基本流程

1.2.1 商务谈判的类型

按照不同的标准，商务谈判可以划分为不同的类型。通常来说，可以从以下几方面对商务谈判的类型进行划分。

1. 按谈判的内容划分

按谈判内容不同，商务谈判可分为货物买卖谈判、劳务合作谈判、投资谈判和技术贸易谈判。

（1）货物买卖谈判

货物买卖谈判主要是指有形商品的供给和需求的谈判。货物买卖谈判的内容十分广泛，一般都要围绕买卖货物的数量、质量、价格、交货日期、支付方式，以及在交易过程中双方的权利、责任和义务等问题进行谈判。货物买卖谈判是商务谈判中最常见的一种谈判。

（2）劳务合作谈判

劳务本身不是物质商品，而是为他人提供某种特殊使用价值，满足人们精神需要或物质生产需要的人的劳动。因此，劳务合作谈判与一般货物买卖谈判有本质的区别。劳务合作谈判的主要内容包括劳务形式、劳务内容、劳动时间和劳务价格的计算，以及劳动保险和其他费用等。

（3）投资谈判

投资是指把一定的资本投入或运用到某一项目之中，以获得一定的利益。投资谈判是指谈判双方就某项投资活动所涉及的投资周期、投资方向、投资方式、投资内容与条件、投资项目的经营与管理，以及投资者在投资活动中的权利、义务、责任和相互关系所进行的谈判。

（4）技术贸易谈判

技术贸易谈判是指谈判双方就转让技术的形式、内容、质量规定、使用范围、价格条件、支付方式，以及双方在转让中的权利、责任和义务关系问题所进行的谈判。技术贸易谈判通常具有四个特点：一是技术价格的不确定性；二是交易关系的长期性；三是技术服务贸易所受干预和限制较多；四是涉及的法律问题较多。

2. 按谈判双方接触的方式划分

按谈判双方接触的方式不同，商务谈判可分为直接谈判和间接谈判。

（1）直接谈判

直接谈判是指谈判人员面对面直接用口头语言来交流信息和协商条件的谈判。在日常生活中，无论是企业双方谈判人员的当面谈判，还是推销员上门推销，售货员向顾客介绍商品（见图1-2），顾客与小商贩的讨价还价等，都属于直接谈判。

图1-2　售货员向顾客介绍窗帘

直接谈判有着多方面的优点，具体如下。

✧　**具有较大的灵活性。**谈判人员可以利用直接面谈的机会，进一步了解谈判对手的需要、动机、策略和个性等，以结合具体情况调整谈判计划和谈判策略。

- ✧ **谈判气氛比较正式。**谈判双方在谈判桌前就座，容易形成正式的谈判气氛，使每个参加谈判的人都能够很快进入谈判角色。
- ✧ **谈判内容比较深入。**面对面谈判便于谈判双方就某些关键问题或谈判协议的具体条款进行反复磋商，从而使谈判的目标更容易达成。
- ✧ **有利于建立长久的贸易伙伴关系。**面对面的沟通有利于增进了解，培养“友谊”。

然而，直接谈判也存在一定的缺陷，如面对面沟通时容易被谈判对手洞察己方的谈判意图、决策时间和费用等信息，从而使己方失去谈判主动权。

（2）间接谈判

间接谈判是指谈判双方不直接见面，而是通过电话、邮件、互联网等沟通方式进行商谈的谈判（见图 1-3）。间接谈判的优点是简便快捷、成本低，同时也更容易向对方表示拒绝。其缺点是不便于谈判双方的互相了解、直接交流和反馈。此外，由于电话、邮件、互联网等通信媒介所能传递的信息量有限，谈判人员难以及时、准确地对谈判中出现的各种问题做出反应，因而谈判的成功率较低。

图 1-3　谈判人员通过电话进行沟通

3. 按谈判参与方的数量划分

按谈判参与方的数量不同，商务谈判可分为双方谈判和多方谈判。

（1）双方谈判

双方谈判是指只有两个当事方参与的谈判。一个卖方和一个买方参与的交易谈判，或者只有两个当事方参与的合资谈判均为双方谈判。在国家或地区之间进行的双方谈判，也叫双边谈判。一般来说，双方谈判涉及的权利、责任、义务划分较为简单明确，因而谈判也比较容易把握。

（2）多方谈判

多方谈判是指有三个或三个以上的当事方参与的谈判。例如，甲、乙、丙三方因合资兴办企业而进行的谈判即为多方谈判。在国家或地区之间进行的多方谈判，也叫多边谈判，如由中国、朝鲜、韩国、美国、俄罗斯和日本六国共同参与的朝核六方会谈。对于多方谈判而言，参与方越多，谈判条件越错综复杂，需要顾及的方面就越多，也越难以在多方的利益关系中加以协调。因此，多方谈判的难度较大，不易把握。

4. 按谈判方的态度划分

按谈判方的态度不同，商务谈判可分为软式谈判、硬式谈判和原则式谈判。

（1）软式谈判

软式谈判也称关系型谈判或让步式谈判。在软式谈判过程中，谈判人员通常会设法避免冲突，强调互相信任、互相让步，从而建立和维持良好的关系。软式谈判的一般做法是：信任对方—提出建议—做出让步—达成协议—维系关系。

在谈判过程中，如果谈判双方都能以宽容、理解的心态，互谅互让、友好协商，无疑会使谈判效率得到极大提高，双方关系也会更加紧密。然而，由于价值观念不同和利益驱动等原因，这通常只是理想化状况。例如，在谈判中对某些强硬者一味退让，最终往往只能达成不平等协议。

因此，在实际的商务谈判中，采取软式谈判的情况很少，一般只适用于合作关系非常友好且有定期业务往来的双方。

（2）硬式谈判

硬式谈判也称立场型谈判。在谈判过程中，谈判双方各自提出自己的条件，强调己方的意愿，申明己方的观点和立场不能改变。谈判双方认为谈判是一场意志力的竞赛，只有按照己方的立场达成的协议才是谈判的圆满胜利。在事关自身的根本利益且无退让的余地时，在竞争性商务关系中，或在一次性交往且不考虑日后合作的情况下，运用硬式谈判是可行的。

但是，如果谈判双方都采取强硬态度和方针，必然会导致双方关系的紧张，谈判也往往易陷入僵局，从而无法达成协议。

（3）原则式谈判

原则式谈判又称价值型谈判，其发挥了软式谈判和硬式谈判之所长而避其弊端，强调公正和公平，主要有以下特征：

第一，谈判中谈判人员对人温和、对事强硬，把人与事分开；第二，主张按照共同接受的公正和公平的原则来达成协议；第三，谈判中开诚布公而不施诡计，追求利益而不失风度；第四，努力寻找共同点、消除分歧，争取共同满意的谈判结果。

原则式谈判强调通过谈判取得彼此间的信任和实现经济互惠，是一种既理性又富有人情味的谈判方式，与现代谈判所强调的实现互惠合作的宗旨相符，是商务谈判人员普遍追求的谈判模式。

谈判典例

胡安是一名程序员，近期，他有了一个新游戏的开发设想。胡安相信这个游戏会获得巨大的成功，但是，编写这个游戏程序要花费很长的时间。在此期间，他需要得到经济支持以维持生计。胡安的朋友亚丽是一家大型软件公司的经理，她和同事都认为胡安的想法不错，但只能提供给他10万元。胡安需要花费一年来设计这个游戏，虽然10万元能够维持生活，但作为报酬是远远不够的。

胡安清楚地知道软件公司不可能提供更多的资金，所以他向软件公司提出建议，把这10万元作为预付款，他和公司按25∶75的比例分配未来的利润。经过谈判，双方最终结成联盟，并以20∶80的利润分配比例达成了协议。这个游戏投入市场后，取得了巨大成功，使协议双方都获取了较大利润。

5. 按谈判所在地划分

按谈判所在地不同，商务谈判可分为主场谈判、客场谈判和中立地谈判。

（1）主场谈判

主场谈判是指某一谈判方以东道主身份在己方所在地进行的谈判。主场谈判占有“地利”，会给主方带来诸多便利。例如，熟悉的工作和生活环境有利于谈判的各项准备，便于问题的请示和磋商等。因此，主场谈判中，谈判人员在自信心、应变能力及应变手段上，均占有天然的优势，往往会给谈判带来有利影响。

当然，主场谈判也存在一些不足，如主方需要支付大量的谈判成本，容易被对方了解虚实、攻破防线等。尽管如此，由于主场谈判在商务谈判中的优势突出，参与方往往都会主动争取主场谈判。

（2）客场谈判

客场谈判是指谈判人员到对方所在地进行的谈判。身处异地的谈判人员易受到各种客观条件的限制，需要克服种种困难。客场谈判中，谈判人员在面对谈判对手时，必须审时度势，认真分析谈判背景、主方的优势与不足等，以便正确运用并调整己方的谈判策略，发挥己方的优势，争取满意的谈判结果。

（3）中立地谈判

中立地谈判是指在谈判双方所在地以外的地点进行的谈判。例如，中国公司与日本公司的货物贸易谈判选择在美国纽约进行。中立地谈判可以避免主、客场对谈判双方及谈判过程的影响，为双方平等地进行谈判创造了条件。

6. 按谈判参与方的地域划分

按谈判参与方的地域不同，商务谈判可分为国内谈判和国际谈判。国内谈判是指谈判参与方均在一个国家内部的商务谈判；国际谈判是指谈判参与方分属两个及两个以上的国家的商务谈判。

相比之下，国际谈判比国内谈判更为复杂。首先，国际谈判参与者的文化背景不同，在语言、政治、科技、教育、社会习俗及价值观等方面均可能存在或多或少的差异，这些差异对谈判构成的影响是参与国际谈判的人员必须注意的。其次，国际谈判所应用的法律、法规不同，国际惯例、国际法则和各国相关法律、法规是参与国际谈判的人员所必须熟知的。最后，国际谈判涉及不同的商品标准、不同的计量标准、不同的货币，涉及外汇、关税、运输及保险等多项知识，因此对谈判人员的知识素质要求较高。

7. 按谈判的公开程度划分

按谈判的公开程度不同，商务谈判可分为公开谈判和秘密谈判。公开谈判是指谈判的主题、时间、地点、谈判人员情况及谈判过程均可向外界公开的谈判，而秘密谈判则指上述信息不向外界公开的谈判。

公开谈判与秘密谈判是相对而言的，公开谈判不是指没有秘密的谈判，秘密谈判的保密也是相对的，在时机适当、条件成熟时，秘密谈判的情形尤其是结果通常也会公开。此外，公开谈判与秘密谈判有时也可能在同一问题的谈判过程中交叉出现。例如，谈判双方在前期通过秘密谈判解决了关键问题后，转为公开谈判，进而达成某些公开协议。

1.2.2 商务谈判的基本流程

商务谈判涉及的范围广泛，因此没有一套固定不变的模式，但其基本流程主要包含准备、开局、磋商和结束四个阶段。

1. 谈判的准备

商务谈判的准备工作一般包括团队组建、背景调查、方案设计和模拟谈判。

- ✧ **团队组建：**是指找到符合要求的谈判人员，组成一支分工明确的谈判团队。谈判团队的人员构成一般包括谈判队伍负责人、商务人员、技术人员、财务人员、法律人员和翻译等。
- ✧ **背景调查：**是指对贸易环境、谈判对手和交易条件的调查与资料收集。背景调查可以通过多种渠道开展。所收集的资料通过分析筛选，可供谈判时使用。
- ✧ **方案设计：**是指制订谈判方案，从而指导谈判的开展。谈判方案的内容主要包括谈判目标、谈判参与者、谈判要点、谈判方式、谈判期限和替代方案等。
- ✧ **模拟谈判：**是指通过模拟谈判的过程，在模拟过程中发现问题，总结谈判方案的优势和劣势，对谈判方案进行改进，从而为实战谈判提供参考。

2. 谈判的开局

商务谈判的开局阶段是指谈判双方就谈判内容陈述各自的意见和建议的阶段，主要包括开场陈述和报价。开场陈述是指在谈判开始阶段谈判双方就本次洽谈的内容，陈述各自的观点、立场及建议；报价是指谈判双方提出对整个交易相关的所有要求，包括商品的数量、质量、包装、价格、装运和保险等交易条件，其中价格是关键。

在开局阶段，谈判人员应该创造友好合作的谈判气氛，表明己方的意愿和交易条件，并摸清对方的情况和态度，从而为实质性磋商阶段打下基础。

3. 谈判的磋商

商务谈判的磋商阶段是指谈判双方讨价还价、相互让步的阶段。在讨价还价的过程中，双方可能会出现争执。此时，谈判人员需要运用沟通技巧和谈判策略来解决争执，甚至做出一些让步，即放弃己方的部分意见和利益，以达到谈判成功的目的。

4. 谈判的结束

商务谈判的结束阶段就是在合适的契机结束谈判，结束谈判的方式可能是签约、破裂或中止。

签约是指谈判双方签订合约，交易得以实现。破裂是指谈判双方经过磋商仍无法达成一致意见或签订协议，从而结束谈判。中止是指由于某种原因双方未能全部达成一致意见，而由双方约定或一方提议暂时结束谈判。

拓展阅读 TUOZHAN YUEDU

商务谈判的 PRAM 模式

PRAM 谈判模式是一种追求双赢的谈判模式，包括四个步骤：计划（plan）、关系（relationship）、协议（agreement）、维持（maintenance），简称“PRAM 模式”。

1. 计划

在制订谈判计划时，首先要明确己方的谈判目标；其次要设法探测对方的谈判目标。在确定了双方的目标之后，进行比较，找出在本次谈判中双方利益一致和不一致的地方。对于双方利益的共同点，应该在随后的正式谈判中首先提出，并由双方加以确认。对于双方利益不一致的问题，则需要双方发挥创造力，根据“成功的谈判应该使双方的利益需要得到满足”的原则，积极寻找能够使双方都满意的办法来解决。

2. 关系

在正式谈判之前，要建立起与谈判对手的友好关系。这种关系不是一面之交的关系，而是一种有意形成的、使谈判人员在协商过程中都能够感受到真诚、融洽、和谐气氛的友好关系。如果还没有进入到双方都感觉很自然、舒畅的状态，就不要急于进入实质性的报价和磋商阶段。

3. 协议

在谈判双方建立了充分信任关系之后，双方即可开始协商本次谈判的议程和进度安排。然后，双方进入实质性的报价和磋商阶段，以及可能出现的僵局处理阶段。此时，可能出现两种情况：一种是双方利益达成一致，签订协议；一种是双方利益暂时无法达成一致，谈判破裂或中止。

4. 维持

签订协议是谈判的成果，但并不代表着结束。在签订协议后应特别关注协议的实际履行情况，要与对方保持密切的联系，维护好双方的关系，为合同的顺利履行及后续合作打好基础。

资料来源：https://wiki.mbalib.com/wiki/PRAM%E8%B0%88%E5%88%A4%E6%A8%A1%E5%BC%8F

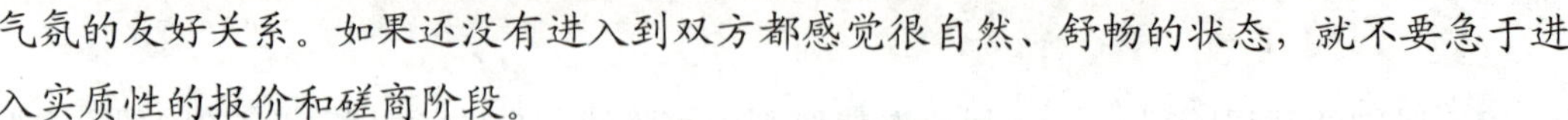

任务 1.3 熟知商务谈判的风险

商务谈判风险是指在商务谈判中由于某些谈判环境因素、谈判对手或己方内部因素的作用，使得谈判出错、无法达到预期目标的风险。

1.3.1 商务谈判风险的类型

商务谈判风险通常可以分为非人员风险和人员风险两大类，具体如下。

1. 非人员风险

（1）政治性风险

政治性风险常见于国际商务谈判中，是指政治局势的变化或国际冲突给有关商务谈判的参与者带来的危害和损失。例如，一方谈判参与者的国家发生革命、战争或内乱，致使谈判无法继续。

（2）市场性风险

✧ 汇率风险。汇率风险是指在较长的付款期内，由于汇率变动而造成结汇损失的风险，也指由于汇率变化而引起某组织、经济实体或个人的资产价值变动的风险。汇率风险常见于国际商务谈判中。例如，国际商务合同签订时的汇率与实际交易结算时的汇率不一致，那么就有可能产生外汇损失。

谈判小贴士

汇率是指一国货币兑换另一国货币的比率，即以一种货币表示另一种货币的价格。

- ✧ **利率风险**。利率风险是指在国家金融市场上，由于商业贷款利率的变动而给当事人带来损益的风险。利率风险是普遍存在的，其对资金交易量较大的商务谈判影响较大，通常会给资金供给方带来一定压力。

谈判小贴士

利率是指一定时期内利息量与本金的比率，通常用百分比表示。

- ✧ **价格风险**。价格风险专指商品和劳务价格风险，其主要是对于投资规模较大、延续时间较长的谈判项目而言的。例如，大型工程所需要的某些原料和设备往往要在项目建设后期提供，在谈判阶段就把这些原料和设备的价格确定下来是有风险的。

2. 人员风险

（1）素质性风险

素质性风险是指在商务谈判中，谈判人员的素质不足带来的风险，包括谈判人员经验不足，管理水平、谈判水平不高给谈判造成不必要的损失等。一般来说，人员素质风险主要表现在以下几个方面。

- ✧ 谈判人员情绪急躁，急于求成，爱表现自己。
- ✧ 谈判人员不敢承担责任，一遇到来自对方或上司的压力，就感到难以适从、不能自主。
- ✧ 谈判人员刚愎自用，寸步不让，坚持一切都以自我为标准。
- ✧ 谈判人员缺乏必需的知识，既不充分调查，又不虚心请教。

（2）技术性风险

技术性风险是指在涉及引进技术和设备的谈判中项目技术本身带来的风险，或是在谈判中因谈判技术应用不当而带来的风险。具体来讲，主要表现在以下几个方面。

- ✧ **技术上过分奢求引起的风险**。此类风险一般发生在涉及引进技术和设备的谈判中，是指引进方提出过高的技术指标引起的风险。例如，参与谈判的工程技术人员通常认为引进的设备技术越先进、功能越全面越好，但如果过度奢求则会使成本大幅度增长。因此，工程技术人员和谈判人员在谈判过程中提出相关要求时，应考虑“技术上可行，经济上合理”。

✧ **谈判对象选择不当引起的风险。**谈判对象选择不当会使项目出现难以逆转的困难，也会使己方蒙受机会成本的损失。因此，在选择谈判对象时，要查看其资信条件和管理经验等，力求找到“信誉良好、经验丰富、实力较强”的谈判对象。

谈判小贴士

机会成本，又称择一成本、替代性成本，是指在面临多方案抉择时，将资源用于某种用途时必须放弃的其他选项的最高价值。例如，当一个厂商决定利用自己所拥有的经济资源生产一辆汽车时，意味着他不可能再利用相同的经济资源来生产 200 辆自行车。因此，生产一辆汽车的机会成本即所放弃生产的 200 辆自行车。

谈判典例

A 公司想要开展一个大型项目，其希望技术先进、运营良好的 B 公司作为该项目的设备供应商，随后双方通过谈判确定了合作协议。可是在项目的运行过程中，B 公司出现了意外，它的一家子公司曾向银行借贷了一笔款项，到期无力偿还，这笔债务转而由 B 公司承担。但 B 公司此时没有足够的资金来还债，于是被银行冻结了账目往来，各项业务被迫停止，与 A 公司的合同也无法继续履行。考虑到公司项目的重要性和本已紧张的工程不能够再拖延，A 公司不得不采取相关措施帮助 B 公司还款，使其摆脱困境。

✧ **强迫性要求造成的风险。**强迫性要求造成的风险是指由于谈判双方的地位不平等而产生的风险。在商务谈判中，可能会有一些大企业凭借自己的实力强迫弱小企业接受其提出的方案，弱小企业委曲求全地签订不平等合作协议后，可能会伺机在履约过程中采取各种手段找回谈判桌上的损失。

✧ **合同法律风险。**常见的合同法律风险包括以下几项：① 对方没有订立合同的资格，或者没有履行合同的能力；② 合同不规范或不合理导致合同无效；③ 货物质量、数量和服务条款不明确，导致交易受阻；④ 在运输、装卸和储存的过程中，由于自然灾害、意外事故和其他外因导致货物受损，影响合同履行；⑤ 谈判一方没有履行合同的诚意，在对方履行合同之后，非法占有对方的钱财或产品，而自己却不履行或不完全履行合同，给对方造成重大损失。

谈判典例

2020 年 9 月 25 日，甲公司与乙公司经过多次沟通洽谈，签订了一份协议。协议写明：“2020 年 11 月之前，甲公司向乙公司提供价值 90 万元的货物，乙公司则于 2020 年 12 月 25 日支付货款。”

10月上旬，甲公司通过运输公司将货物陆续发给乙公司。11 月底，乙公司向甲公司退还了价值 27 万元的货物，且到 12 月 25 日仍未支付货款。甲公司再三催要货款无果，便诉至法院，要求乙公司给付所欠货款 63 万元，并提供了出库单及货运单作为证据。乙公司辩称“只收到了价值 27 万元的货物，因发现效用一般，销路不好，便退给了甲公司，其余货物并未收到。甲公司提供的出库单及货运单上均无我公司的签字或盖章，缺乏证据的效力，不能证明我公司收到了甲公司的货物。我公司现不欠甲公司任何货款”。

法院经审理认为，根据两方签订的协议，甲公司将货物交付给运输公司之后，便已完成了货物的交付义务，该批货物的毁损、灭失的风险应由乙公司承担。据此，法院判决乙公司向甲公司支付所欠的 63 万元货款。

1.3.2 商务谈判风险的预测与控制

1. 商务谈判风险的预测

风险预测的焦点集中在两个方面：一是估计损失程度，二是估计事件发生概率的大小。如果事件发生造成的损失无足轻重，那么即使该事件发生的概率再大，也无须过度关注；相反，如果事件发生的概率很小，可一旦发生就会导致惨重的损失，那么就需要认真地考虑对策，并不惜承担必要的成本去减少可能的损失。

一般来说，人员风险较容易预测，只要对谈判参与人员规避风险的意识进行考察，即可预测人员素质引起的风险。而非人员风险的预测则难度较大。例如，地震、台风、海啸、旱涝等突发自然灾害给商务谈判造成的损失是无法预测且不可避免的。但是，这绝不意味着对非人员风险听之任之，而是要采取积极主动的态度，对那些根据已经观察到的事实而预测出来的政治风险和自然灾害风险采取可行的回避策略。例如，取消对可能持续存在战争或动乱的国家或地区的投资计划，停止在洪水泛滥的河谷地带建厂等。

2. 商务谈判风险的控制

风险控制是指通过调整计划来消除风险或风险发生的条件，从而保护目标免受风险的影响。控制商务谈判风险的措施主要包括以下几项。

（1）借助技术手段

对于市场性风险中所涉及的汇率风险、利率风险和价格风险，是可以通过一定的技术手段加以调节和转化的。

应对汇率风险的措施包括消除风险、分担风险和获取风险收益三类。

- ✧ 消除风险。消除汇率风险的方法主要包括以下几种：第一，平衡法。交易主体在一笔交易发生时，再进行一笔与该笔交易在货币、金额、收付日期上一致但资金流向相反的交易，使两笔交易面临的汇率变化影响抵消。第二，人民币计价法。以人民币作为计价货币，直接收付人民币，从而排除与外币兑换问题。第三，易货交易法。易货交易一般是买卖双方各以等值的货物进行交换，不涉及货币的支付，也没有第三者介入，易货双方签订一份包括相互交换抵偿货物的合同，在合同中把有关事项加以确定，就可以消除外汇风险。
- ✧ 分担风险。分担风险的措施主要是签订货币保值条款，即交易时选择汇率稳定的货币作为保值货币。例如，选择美元作为保值货币，当计价货币对美元的汇率变动超过某一幅度时，谈判双方必须对其价格做出相应的调整，差额部分由卖方或买方支付，或者由双方按约定的比例分摊。
- ✧ 获取风险收益。获取风险收益的方法主要有以下两种：第一，应用结汇的时间差。当交易的一方判定汇率将发生某种变化时，将结汇的日期提前或推迟，以避免汇率变动的风险，同时获取汇价上的收益。第二，应用不同的计价货币。在谈判过程中对各种货币的汇率走势做出正确的判断，如果是作为出口的一方，应趋向于选择汇率趋于上涨的硬货币计价；而如果是作为进口的一方，则应趋向于选择汇率趋于下跌的软货币计价。

谈判小贴士

硬货币是指外汇市场上汇价稳定或看涨的货币；软货币是指在外汇市场上汇价疲软，不能自由兑换他国货币，信用程度较低的国家货币。

应对利率风险的措施包括利率期货交易、远期交易和期权交易三类。

- ✧ 利率期货交易。利率期货是指以债券类证券为标的物的期货。用利率期货进行交易可以回避银行利率波动所引起的证券价格变动的风险。
- ✧ 远期交易。远期交易是指谈判双方签订远期合同，约定在未来某一时期进行交易。一般来说，交易价格的计算以现汇率为基础，再根据对合同生效至交易完成这段时间内利率走势的预测做出一定的调整。
- ✧ 期权交易。期权是一种选择权，期权的买方向卖方支付一定数额的权利金后，就可获得在一定时间内以一定的价格（执行价格）出售或购买一定数量的标的物（实物商品、证券或期货合约）的权利。

应对价格风险的措施包括确定非固定价格、确定价格调整条款和套期保值三类。

- ✧ **确定非固定价格。**确定非固定价格包括三种情况：第一，具体价格待定，在合同价格条款中明确规定定价时间和定价方法；第二，暂定价格，即在合同中先订立一个初步价格，作为初步付款的依据，待双方确定最后价格后再进行最后结算，多退少补；第三，部分固定价格、部分非固定价格，即在签约时将交货期近的商品的价格固定下来，其余的在交货前的一定期限内定价。
- ✧ **确定价格调整条款。**即在签约时只规定初步价格，同时规定如果原材料价格和工资等发生变化，按原材料价格和工资等的变化来计算合同的最终价格。这主要适用于生产加工周期较长的机器设备等商品的合同。
- ✧ **套期保值。**套期保值是期货市场交易者将期货交易与现货交易结合起来进行的一种市场行为。其目的是通过期货交易转移现货交易中的价格风险，并获得这两种交易相配合的最大利润。

（2）利用投保和信贷担保

企业一般会对商务谈判中的纯风险（纯粹造成损失却没有任何受益机会的风险）向保险公司进行投保，对于向哪家保险公司投保、如何确定承保事项、选择何种缴费档次、如何与合作方分担保险费这一系列问题，谈判人员则应虚心向保险专家求教。

除了向保险商投保外，信贷担保也已成为相当普遍的控制风险的方式。例如，在大型工程项目承包的谈判中，企业为了预防因承包商出现差错而延误工程进度，可以要求承包商或供应商在签订合同时提供信贷担保。

（3）提高谈判人员素质

商务谈判人员要试图避免或减少由自身素质条件引发的各种谈判风险。

- ✧ 谈判人员应该努力拓宽自己的知识面，虚心求教他人，这样有些风险就可能避免。例如，某公司和泰国某公司谈判时，由于不了解施工时期是泰国的雨季，在签订合同后的实际施工中才发现该问题，导致工期延误，只得向对方赔偿。如果谈判人员事前了解世界地理知识及泰国的气候特点，或者主动向专家了解在泰国施工可能遇到的困难，就能够避免后期蒙受的经济损失和信誉损失。
- ✧ 谈判人员要从多个渠道获取信息，且善于营造竞争局面。例如，在寻找设备供应商时，应该详细考察供应商各方面的合作条件。若有必要，还可以通过联系多家供应商营造竞争局面，然后从中选择最有利的谈判对象，以此减少损失发生的机会。
- ✧ 谈判人员应实事求是，在谈判中既要坚持合理的要求，又要避免提出过分的条件。
- ✧ 谈判人员要培养洞察力，审时度势、当机立断。在商务谈判中，部分具体内容必须谨慎、细致地反复推敲与权衡，但在总体上不能过于计较细节。一旦条件基本成熟，就应当机立断。

（4）推动谈判双方公平负担风险

在商务谈判中，尤其在某些项目的合作过程中，风险的承担往往不是非此即彼的简单归属，它是需要合作双方共同面对和承担的，此时公平负担是能带来合理结局的唯一出路。例如，A 公司要求 B 公司在结算时支付德国马克，而 B 公司则只愿支付英镑。在焦点的背后隐藏着双方的共同认识，即马克在未来一段时间内会日趋坚挺，而英镑会日趋疲软，所以双方都不愿意承担外汇风险。此时，双方即可自行约定一个用于结算的英镑对马克的汇率，这样无论 B 公司最终向 A 公司结付英镑还是马克，对双方都是公平的。

实战演练

人物访谈

任务概述

对本地部分企业中从事过商务谈判的人员进行访谈，了解工作者亲身经历的一次商务谈判过程及工作经验等，并做好访谈记录。以此了解商务谈判的流程及重要性，明确商务谈判的类型和特点，树立风险意识，正确认识合作与冲突的关系，端正实事求是的态度。

采访完成后，各小组派出代表，以 PPT 的形式向全班同学分享本次访谈的主要内容及本组的心得。

任务分组

全班学生自由分组，每组 3～5 人，各组选出组长并进行任务分工，将小组成员及分工情况填入表 1-1 中。

表 1-1　小组成员及分工情况

<table>
<tr><td>班级</td><td></td><td>组号</td><td></td><td>指导教师</td><td></td></tr>
<tr><td>小组成员</td><td>姓名</td><td>学号</td><td colspan="3">任务分工</td></tr>
<tr><td>组长</td><td></td><td></td><td colspan="3"></td></tr>
<tr><td rowspan="4">组员</td><td></td><td></td><td colspan="3"></td></tr>
<tr><td></td><td></td><td colspan="3"></td></tr>
<tr><td></td><td></td><td colspan="3"></td></tr>
<tr><td></td><td></td><td colspan="3"></td></tr>
</table>

任务准备

（1）了解一定的商务谈判知识。

（2）掌握访谈方法。

（3）掌握 PPT 的制作方法。

任务实施

按照小组分工情况开展人物访谈活动，并将具体的实施情况记录在表 1-2 中。

表 1-2　实施情况记录表

时间安排	实施步骤
	1．确定本组访谈的对象
	2．确定本组访谈的提纲
	3．进行访谈，并做好记录
	4．总结访谈中商务谈判的类型和特点，了解商务谈判的流程及重要性

（续表）

时间安排	实施步骤
	5．小组讨论，总结心得
	6．制作 PPT
	7．在全班同学面前进行讲解分享

评价反馈

各组配合指导老师完成如表 1-3 所示的考核评价表。

表 1-3　考核评价表

项目名称	评价内容	分值	评价分数		
			自评	互评	师评
成果评价（30%）	访谈记录内容全面、重点突出	10			
	PPT 制作精美、图文并茂	10			
	讲解口齿清晰、仪态大方	10			
技能评价（50%）	能够根据需求合理选择访谈对象	10			
	能够结合所学知识设计访谈提纲	15			
	能够根据所列访谈提纲有条不紊地进行访谈，并将访谈内容记录清楚	15			
	能够有效分析、总结商务谈判的类型及特点	10			
素养评价（20%）	仪容仪表得体	5			
	具备团队精神，能够积极与他人合作	5			
	积极、认真实施任务，并按时完成	10			
合计		100			
总评	自评（20%）+互评（20%）+师评（60%）=	教师（签名）：			

项目 2

洞悉商务谈判心理

项目导读

商务谈判心理影响着谈判人员在谈判中的行为，对商务谈判的成败起着至关重要的作用。学习并掌握与商务谈判相关的心理知识，不仅能够帮助谈判人员培养自身的心理素质，在谈判中保持良好心态，还能够帮助谈判人员揣摩谈判对手的心理，以便制订相应的谈判策略。

学习目标

知识目标

- ✧ 了解商务谈判心理的概念
- ✧ 掌握商务谈判心理的特点及作用
- ✧ 掌握针对需要的各种谈判策略
- ✧ 掌握应对不同类型谈判对手的谈判策略

技能目标

- ✧ 能够分析谈判对手的需要，并根据实际情况运用正确的谈判策略
- ✧ 能够针对不同的谈判对手采用相应的谈判策略

素质目标

- ✧ 培养辩证思维，在日常学习与生活中能够辩证地看待问题，做到具体问题具体分析

谈判现场

销售人员的不同待遇

情景一

小王：赵总，您好，我是大华公司的销售人员小王，这是我们产品的资料，您看您是否感兴趣？

赵总：放我这儿吧！我感兴趣的话给你打电话。

小王：您看看，我们的设备质量好，而且价格也便宜……

赵总：对不起，我还有个会，我会和你联系的，好吗？

小王：……

（小王刚走，赵总顺手将小王的资料扔进了垃圾桶。）

情景二

老李：赵总，您好，我是大华公司的销售人员老李，这是我们产品的资料，您看您是否感兴趣？

赵总：放我这儿吧！我感兴趣的话给你打电话。

老李：如果用我们的设备，会比您现在用的 W 型号的设备效率提高 30%，而且节能 10%……

赵总：效率提高 30%？你讲讲。

老李：……

赵总：好、好、好！我将认真考虑你们的设备。

思考

为什么赵总对小王的介绍不感兴趣？此案例给我们什么启示？

谈判课堂

任务 2.1 了解商务谈判心理的基础知识

商务谈判心理是指在商务谈判过程中，谈判人员面对各种情况变化所产生的心理活动。例如，在与谈判对手进行首次会晤时，如果谈判对手着装干净整齐，言谈举止彬彬有礼，那么谈判人员就会对对方印象良好，对谈判的顺利开展抱有希望和信心；反之，若谈判对手态度狂妄、盛气凌人，那么谈判人员就会对谈判能否顺利开展有所顾虑。

商务谈判是一个复杂的过程，谈判人员在商务谈判中的心理活动也是千变万化、错综复杂的，但我们依然可以利用商务谈判心理的相关知识研判谈判对手的内心世界，洞察商务谈判的各种可能性，从而在商务谈判中占据主动地位，争取商务谈判的最后成功。

谈判典例

日本三家公司的老板同一天到江西省某雕刻厂订货，雕刻厂与三家公司在价格上展开了谈判。

在谈判前，雕刻厂调查了日本市场的相关资料，明白了三家公司来本厂订货是因为本厂的木材质量上乘，制作技艺高超，制造出的产品质量高于别国。于是该厂先没有理会那家大公司，而是先与两家小公司进行了谈判，把产品的质量、成色及优势同其他国家的产品做了比较，使价格达到了期望值。在雕刻厂与两家小公司达成合作意向后，那家大公司产生了危机感，不但更急于订货，而且想垄断货源，于是大批订货。

该厂积极抓住日本三家公司求货心切的心理，先与两家小公司进行谈判，使价格达到了理想的高度；同时造成了大公司的危机感，之后又利用大公司的急切心理，为谈判成功赢得了筹码。

2.1.1 商务谈判心理的特点

一般来说，商务谈判心理主要具有内隐性、相对稳定性和个体差异性等特点。

1. 内隐性

商务谈判心理是商务谈判人员的各种心理活动，别人是无法直接观察到的。但人的心理和行为密切相关，能够通过行为表现出来。因此，谈判人员可以通过对手的行为来推测其心理。例如，在商务谈判中，谈判人员对谈判条件感到满意时，就会做出积极的反应，眼神、表情或其他动作都会传达出一种友好的信号，会表现出温和、礼貌、赞赏的态度和行为；如果很不满意，则会表现出冷漠、粗暴、不友好、怀疑甚至挑衅的态度。掌握行为与心理的关系，通过观察充分了解对方的心理活动，就能在商务谈判中占据主动。

2. 相对稳定性

商务谈判人员的心理素质会随着谈判经历的增多而有所提高，但在一段时间内却是相对稳定的，不会发生大的变化。因此，谈判人员可以通过观察分析去了解和认识谈判对手，并采用一定的心理方法和手段去改变谈判对手的心理状态，从而推动商务谈判的顺利开展。

3. 个体差异性

个体差异性是指由于谈判人员个体的主客观情况不同，谈判人员个体之间的心理状态存在着一定的差异。因此，在揣摩谈判对手的谈判心理时，既要注重探索商务谈判心理的共同点和规律，又要注意把握不同个体心理的独特之处。

2.1.2 研究和掌握商务谈判心理的作用

1. 提升自身心理素质

谈判人员需要具备良好的心理素质，这样才能在商务谈判中临危不惧、镇定自若，坦然面对各种突发状况，从而促使商务谈判取得成功。正确认识商务谈判心理，有助于谈判人员有针对性地提高自身心理素质，摒弃不良的心理行为习惯，从而提高自身的谈判能力。

2. 揣摩对手心理

古语有云：知己知彼，百战百胜。在商务谈判中，若谈判人员熟知商务谈判心理的相关知识，则可以通过观察分析谈判对手的言谈举止，揣摩谈判对手的心理活动状态，帮助己方推测对方的优劣势，甚至谈判的底线。因此，在谈判过程中，谈判人员要仔细倾听谈判对手的发言，观察其神态表情，留心其举止及细微动作，以了解谈判对手的心理，洞悉其深藏于心的实质意图和想法。了解谈判对手的心理后，谈判人员可以采用更具有针对性的谈判策略，并施加适度的心理诱导来促成商务谈判的成功。

谈判中的心态和心理战

3. 恰当表达和掩饰己方心理

了解商务谈判心理，有助于表达己方需求，促进有效沟通。若对方不清楚己方的需求，必要时己方可通过各种合适的途径和方式向对方表达，使对方了解并重视己方的需求。

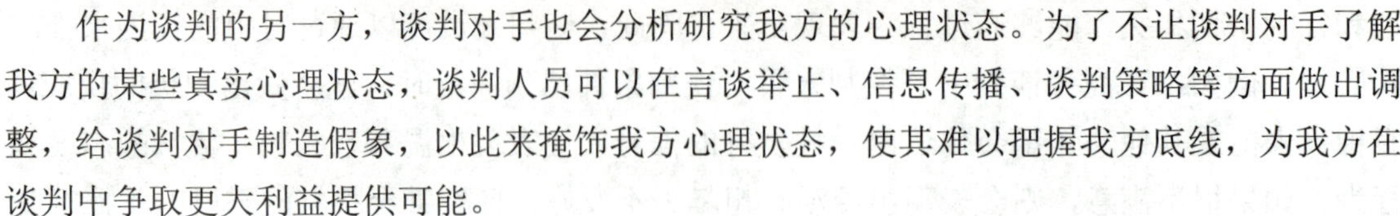

作为谈判的另一方，谈判对手也会分析研究我方的心理状态。为了不让谈判对手了解我方的某些真实心理状态，谈判人员可以在言谈举止、信息传播、谈判策略等方面做出调整，给谈判对手制造假象，以此来掩饰我方心理状态，使其难以把握我方底线，为我方在谈判中争取更大利益提供可能。

4. 营造谈判气氛

了解商务谈判心理的相关知识，有助于谈判人员在与谈判对手进行交际和谈判的过程中，营造适当的谈判氛围。一般来说，谈判人员应尽可能地营造出和谐友好的谈判气氛，以促成双方的谈判。但谈判气氛并不都是和谐友好的，出于谈判利益和谈判情境的需要，必要时也可以有意地制造紧张甚至不和谐的气氛，以对抗对方的胁迫，给对方施加压力，迫使对方做出让步。

任务 2.2 掌握商务谈判心理的运用技巧

2.2.1 针对需要的商务谈判策略

需要是个体感到某种缺乏而力求获得满足的心理倾向，而商务谈判需要就是商务谈判主体希望通过谈判所达到的利益和需要。

商务谈判需要是商务谈判活动产生的基础和动因。对于商务谈判主体而言，如果不存在某种未被满足的需要，那么也就不需要进行谈判了。因此，谈判人员要善于发现、重视和引导对方的需要，通过对对方需要的恰当控制达成谈判目标。

谈判典例

谈判学家荷伯曾代表一家大公司到俄罗斯购买一座煤矿。该煤矿的主人开价为 2 600 万美元，荷伯还价为 1 500 万美元。讨价还价持续了几个月仍旧进程缓慢，荷伯将价格抬到 2 150 万美元，但矿主始终坚持 2 600 万美元的原始报价，丝毫不退让。谈判因此陷入了僵局。荷伯意识到这背后肯定有其他的原因，只有挖出这一信息，谈判才能进行下去。

为此，荷伯非常诚恳地与矿主交流，并邀请他打网球。终于，矿主被荷伯的耐心和诚意所打动，向荷伯说出了他的想法。他说："我的朋友卖了 2 500 万美元，还外带一些附加条件。"荷伯恍然大悟，矿主坚持原始报价的真正原因是要与他的朋友攀比。了解矿主的"需要"后，荷伯又去了解了矿主朋友的卖价及附加条件。之后，荷伯采取了新的谈判方案，在付款方式及附加条件方面使矿主感到自己远远超过了他的朋友，而矿主也做出了让步，双方最终达成了协议。

按照对谈判控制从易到难的顺序，可以归纳出以下 6 种针对对方需要的商务谈判策略。

1. 顺从对方的需要

顺从对方的需要是指谈判人员在谈判中根据对方的需要，特别是对方尚未满足的基本需要，采取相应的措施使其需要得到满足的策略。如此，最有可能促成谈判。

2. 使对方服从己方的需要

使对方服从己方的需要是指谈判人员通过各种谈判技巧的运用，说服对方服从己方需要的策略。所有的谈判活动是从满足自身需要出发的，因此这种策略在商务谈判中较为常用。

谈判典例

KT 公司是一家电视机生产厂家，而宏达公司是一家销售电视机的公司。今日，双方就电视机销售的方案进行了谈判。

就宏达公司而言，比较愿意采用代销的方式（即代为销售，售出一台结算一台），这样风险较小。KT 公司由于电视机积压较多，资金周转困难，迫切需要一笔运转资金，更倾向于以经销的方式（即由宏达公司按批发价购进一批电视机自行出售）批发交易。

在谈判中，KT 公司用低价诱惑对方，并承诺会派技术人员协助宏达公司宣传和推销。当宏达公司提出搬运有困难时，KT 公司立即提出由他们负责搬运到商场。就这样，在 KT 公司的“进攻”下，一笔交易达成了。

3. 同时服从对方和己方的需要

同时服从对方和己方的需要是一种容易实现双赢的谈判策略。在商务谈判中，谈判人员要善于分析己方和对方的需要，若发现双方存在共同需要，就可以采用这种策略；若发现双方的需要有矛盾之处，则可设法平衡双方的需要。这种方法能够兼顾双方的需要，促使谈判的成功，但难点在于如何平衡双方的需要，达到互惠互利的目的。

4. 违背己方的需要

这种策略是指谈判人员为了达成某种目的，经过深思熟虑采取某种行为损害己方的需要。通常来说，在商务谈判中，谈判人员会以己方无关紧要的利益或某些眼前利益为代价，争取重要利益或长远利益。

5. 损害对方的需要

损害对方的需要是指当谈判双方的需要出现矛盾且不可调和时，通过损害对方的需要，而满足己方需要的策略。这种做法很容易导致谈判破裂。

6. 同时损害对方和己方的需要

在市场竞争中，有时会发生这样一种情况：同类企业在商务谈判中竞相压价，甚至不计成本，当时看来是违背了己方的盈利需求，也封杀了别人的盈利需求；不久，实力弱的小企业由于无利可图或亏本，只好倒闭或被兼并，而实力强的大企业等到竞争对手纷纷倒下之后，再回过头来提升价格，这时有力的竞争者都不复存在了，大企业就可实现长远的利益需求。这是一种损人不利己的做法，除非有特殊目的，一般都不采用。

2.2.2 不同类型谈判对手的应对策略

从商务谈判心理的角度出发，可以把谈判对手分为五种类型，即固执型、虚荣型、强硬型、感情型和阴谋型。针对不同类型的谈判对手，需要采取不同的应对策略来与之周旋。

1. 应对固执型谈判对手的策略

固执型谈判对手往往固执己见，不愿接受他人的建议，喜欢照章办事。应对这样的谈判对手可采取以下策略。

（1）平心静气，制造僵局

与固执型谈判对手进行谈判时，必须十分冷静，有耐心，要仔细倾听对方的陈述，注意发现漏洞。同时，还应针对对方做详细的资料调查，注意诱发对方的兴趣，尽力寻求对方的弱点，以抓住机会增强谈判的力度。

必要时也可找借口制造僵局，向对方施加压力。人为地制造僵局可以给固执型谈判对手制造威胁，但在制造僵局时应考虑以下条件：一是市场情况对己方有利；二是让对方相信自己所说的话是合理的，引起僵局的原因在于对方；三是在制造僵局之前要设计出破除僵局的退路及制造僵局的方案；四是制订出消除僵局后的提案。

（2）提出先例，扭转观点

固执型谈判对手所持观点不易改变而非不可改变。谈判人员可以采用提出先例的方法，即针对对方所坚持的观点，用已有的先例来论证新建议、新方案的合理性和可行性，从而使这类对手转变其原有观点。

2. 应对虚荣型谈判对手的策略

虚荣型谈判对手的特点是自我意识较强，爱表现，且对外界的暗示较为敏感。应对这种对手，一方面可以适当地满足其虚荣心，另一方面要抓住其弱点，打开突破口使对方妥协，具体可采取以下策略。

（1）投其所好，顾全面子

根据虚荣型谈判对手的特点，在谈判中可围绕其所感兴趣内容展开话题，为其创造充分表现的机会，满足其虚荣心，从而削弱其抗衡力度。同时，可通过对方的“自我表现”，了解对方的实力。当然，还要留意对方话语的真实性。此外，在谈判中，切忌伤害对方的面子，只要给予其足够的尊重，其让步的可能就越大。

（2）强化制约，立字为证

虚荣型谈判对手往往好表现，爱说大话，谈判人员可抓住对方的这一特点，将其承诺过的有利于己方的话记录在案，必要时还可以用“激将法”让其本人以书面的形式将达成的每项协议都记录下来，以防其日后否认。

3. 应对强硬型谈判对手的策略

在商务谈判中，强硬型谈判对手往往态度傲慢，极度自信。应对这类谈判对手，可采取以下策略。

（1）以柔克刚，争取承诺

面对咄咄逼人的强硬型谈判对手，己方可暂不做任何反应，以静制动，以忍耐沉默的“持久战”来削弱对方锐气，待其乏力时，再伺机反攻，变弱为强。同时，强硬型谈判对手往往比较注重信誉，会认真履行承诺过的事情。因此，谈判人员在谈判中要采用各种方法，尽量争取对方对某项议题的承诺。有了这些承诺，就等于获得了有利的谈判条件。

（2）未雨绸缪，更换方案

在谈判之前，谈判人员应准备多项方案。在强硬的对手面前当最初提出的方案无法实施时，应及时更换备选方案。该策略可以使己方有充分的时间探索问题的多重解决方案，防止在临时更换方案时被打得措手不及，以致在没有预料的情况下匆忙接受不利条件而处于被动地位。

4. 应对感情型谈判对手的策略

感情型谈判对手性格随和，更容易被人接受。但实际上，这类谈判对手比强硬型谈判对手更难应对。因为强硬型谈判对手容易引起谈判人员的警觉，但感情型谈判对手由于在谈判中表现随和，往往会使谈判人员降低警戒心。应对这一类型的谈判对手，可采取以下策略。

（1）以弱为强，适机示弱

在谈判中，有时“柔弱”胜于“刚强”。由于感情型谈判对手比较注重良好人际关系的维持，对于疑难问题比较乐于帮忙解答。因此，谈判人员要培养一种“谦虚”的习惯，可以多说“我不懂”“我不明白”“我要向你请教”等话语，以便从对方的答复中获得更多的信息，这就意味着在谈判中占有更大胜算。

（2）恭维赞美，对症下药

感情型谈判对手一般都想要得到对方的承认，渴望受到外界的认可。为了争取到对自身利益有益的条件，谈判人员可以在即将成交时，多说一些让对方愉悦的赞美的话。

（3）细节拖延，消磨意志

感情型谈判对手对细节问题不甚在意，也不喜欢长久局限于某个问题中，他们希望以一种友善的方式尽快取得实质性进展，以此来证明其能力。在细节上长时间纠缠会让他们感到烦躁和紧张，因此采用拖延的策略会促使他们在某些有争议的议题上更快妥协。

5. 应对阴谋型谈判对手的策略

在商务谈判中，有些谈判对手为获取自身利益，常常会使用一些诡计来诱惑对方，以求达成不公平协议。为了维护己方的正当利益，面对阴谋型谈判对手时，可采取以下策略。

（1）反车轮战，揭穿诡计

在商务谈判中，车轮战是指对方轮流派出谈判人员和己方商谈，企图在精力上拖垮己方，从而迫使己方做出让步的策略。反车轮战策略就是应对车轮战的策略。具体做法如下：及时揭穿对方的诡计，敦促对方停止换人；制造借口拖延谈判，直到原来的对手重新回到谈判桌上；对更换上桌的谈判对手拒绝重复之前的陈述，一方面可以挫其锐气，另一方面己方也可以养精蓄锐；如果新上桌的谈判对手否认之前的协定，己方也可否认之前许下的承诺；在消极对抗中，不要忽视新上桌对手的新建议，要抓住有利时机及时签约。

（2）应对抬价，争取主动

抬价本是商务谈判中的常事，但阴谋型谈判对手往往采用不合理的手段来抬价。例如，谈判双方本已商定好了价款，对方第二天却突然提出抬价。应对对方这一行为的具体做法如下：在讨价还价时要对方做出某种保证，以防其反悔；尽早争取对方在协议书或合同上签字，防止对方反悔或不认账；如果发现对手的诡计，应及时指出，争取主动；终止谈判。

（3）假痴不癫，暗中谋划

该策略是指表面装傻，暗中策划，等待机会。在谈判前期可以表现得比较被动，使对方放松警惕，在摸清对方情况后再展开进攻，迫使对方让步。例如，某商品原售价 50 元，这时对方故意将该商品的价格提高到 55 元，己方明知是骗局，但仍表示愿以 52 元的价格接受。这样，对方觉得赚了一笔便不再提其他要求。拖些日子后己方再去找对方，提出多项理由作为杀价的筹码，并明确告诉对方现在该商品的市场价最多为 40 元，实在无法按 52 元成交，迫使对方降价。

实战演练

小组讨论

任务概述

在商务谈判中，针对不同类型的谈判对手要采取不同的谈判策略。根据下文所述的人物表现，分析各类人物的心理需要和心理活动，制订针对这类人员的谈判策略，并设置一个简短的能展现人物谈判性格的对话小场景。

（1）自以为什么都懂，经常小看他人，好嫉妒、爱表现。

（2）喜欢跟别人接触，态度平和且有耐心，喜欢了解别人，关心周遭所有的人，也没有太多跟别人争执的时候。

（3）情绪表现得十分激烈，态度强硬，经常说“不”，在谈判中趾高气扬。

（4）会采取故意欺骗的方式，或者威胁虚假出价。

（5）照章办事，不轻易改变自己的主张，倔强，我行我素。

任务分组

全班学生自由分组，每组 4～6 人，各组选出组长并进行任务分工，将小组成员及分工情况填入表 2-1 中。

表 2-1　小组成员及分工情况

班级		组号		指导教师	
小组成员	姓名	学号	任务分工		
组长					
组员					

任务实施

按照小组分工情况开展活动，并将具体的实施情况记录在表 2-2 中。

表 2-2　实施情况记录表

时间安排	实施步骤
	1．小组成员讨论、分析上文所述的人物表现，总结其性格特点、心理需要及习惯爱好
	2．基于人物性格特点及行为习惯，制订应对的策略
	3．场景模拟 （1）设置一个简短的能够体现人物性格特点及谈判风格的小场景 （2）分组模拟，每组任选三种不同的情境进行模拟
	4．记录与总结 （1）总结不同类型谈判对手的性格特点、行为习惯及应对策略，形式不限（PPT、图表、视频等） （2）小组讨论，总结收获与不足
	5．课堂展示 各组派代表在全班面前做总结陈述

评价反馈

各组配合指导老师完成如表 2-3 所示的考核评价表。

表 2-3　考核评价表

项目名称	评价内容	分值	评价分数		
			自评	互评	师评
成果评价（30%）	角色分工明确，模拟场景合理	10			
	陈述口齿清晰、仪态大方	10			
	PPT（图表、视频等）内容完整，重点突出	10			
技能评价（50%）	根据所学知识，经过分析能够充分了解人物心理活动及性格特点	15			
	能够针对不同类型的谈判对手，总结应对策略	15			
	能够把握人物特点，进行场景模拟	20			
素养评价（20%）	有较好的团队合作意识	10			
	按时完成实践任务	10			
合计		100			
总评	自评（20%）+互评（20%）+师评（60%）=	教师（签名）：			

素质园地·人民至上

“灵魂砍价师”是如何炼成的

2021 年国家医保药品目录谈判中的一则视频在网上刷屏，国家医保局谈判代表、福建省医保局药械采购监管处处长张劲妮和企业谈判代表多番较量，再现“灵魂砍价”。这个过程中企业代表 8 次离席商谈，最终这一治疗罕见病的药品成交价比最初报价少了 2 万多元。被网友称为“温柔一刀”的谈判专家们也再次引起大家的关注。

“温柔一刀”背后有一支专家团队

这些被网友称为“温柔一刀”的专家们是怎么选出来的？据了解，谈判专家一般由医保部门代表以及相关专家组成，负责与相关药品企业进行现场谈判和竞价。当然，谈判的成功不仅得益于谈判桌上的谈判专家，还有药物经济学专家和基金测算专家。在谈判前，医保部门会从专家库中随机抽取药物经济学专家和基金测算专家，由其进行专业测算，从而确定各个药品的谈判底价。这个底价也成为谈判专家手中的“底牌”。

手握底价，打心理战

每一场谈判对于谈判专家来说，都是一场心理战。他们面对的往往是身经百战的企业销售负责人，甚至是大区的高管。而且，每个企业代表身后都有一支精挑细选的“智囊团”在会场外随时待命。

谈判专家们手握底价，但企业方的最终“底价”，往往并不是企业代表一开始带进现场的数字。在谈判过程中，很多时候，他们都需要走下谈判桌，一次又一次地拿出计算器测算，一遍遍地打电话汇报请示。

不遗余力，分厘必争

有谈判专家表示，致力于为参保人员争取最大的实惠，每个谈判专家都是不遗余力地在“砍价”，一分一厘都会争取，即使谈得再晚、再累也会坚持。

在一场医用耗材谈判中，谈判专家足足用了6个小时和企业“对垒”，只为了让企业多降2个点。这场6个小时的拉锯战中，谈判专家们见招拆招，挤掉医用耗材的“水分”。谈判专家表示，谈判过程中的话术等技巧是次要的，更重要的还是提前研究生产企业、了解产品及谈判规则，准备谈判材料，只有对谈判药品、耗材的相关情况有充分的认识才能在谈判中有理有据、言之有物，掌握主动。例如，在这场谈判中，企业在大夸特夸自己产品时，被一位谈判专家当场制止：“产品好不好不是你们说了算，我们临床医生最有发言权。”

资料来源：http://news.youth.cn/jsxw/202112/t20211206_13339793.htm

项目 3

学习商务谈判技巧

项目导读

商务谈判是谈判双方传达意见、交流信息的过程。谈判人员通过倾听、提问、答复、辩论和说服等语言技巧，可以有效实现信息的传递与接收，在很大程度上促进谈判的成功。与此同时，掌握沉默和辨别行为语言的技巧，也能够帮助谈判人员在谈判中做出相应的策略调整。

学习目标

知识目标

- ✧ 掌握商务谈判中的语言技巧
- ✧ 掌握商务谈判中的非语言技巧
- ✧ 明确语言沟通在商务谈判中的重要性

技能目标

- ✧ 能够在商务谈判中灵活运用语言技巧及非语言技巧，促使谈判顺利进行

素质目标

- ✧ 待人处事客观理性，避免先入为主
- ✧ 培养大局意识，树立大国自信

谈判现场

生产线事宜谈判

广东一玻璃厂厂长曾率团与美国一公司就引进玻璃生产线一事进行谈判。在谈判中，双方在部分引进还是全部引进的问题上陷入了僵局，玻璃厂的部分引进方案遭到美方拒绝。

玻璃厂厂长（也即首席谈判代表）虽然心急如焚，但还是冷静分析形势，改变了直接讨论的战术。“全世界都知道，贵公司的技术是一流的，设备是一流的，产品是一流的。”玻璃厂厂长突然转换话题，向美方公司表示了诚恳而又切实的赞扬，使其由于谈判陷入僵局而产生的抵触情绪得以很大程度的消除。

“我想你们肯定知道，现在意大利、荷兰等几个国家的公司代表团，正在与我国北方省份的玻璃厂就引进生产线事宜进行谈判。如果我们这次的谈判因为一点小事而失败，那么不但是我们玻璃厂，而且更重要的是贵公司方面将蒙受重大的损失。”玻璃厂厂长用“一点小事”形容双方所存在的分歧，看似轻描淡写，实则是为了引起对方对分歧的关注。同时，又指出谈判万一破裂将给美国公司带来巨大的损失，表示出完全为对方着想的想法，这一点对方不容拒绝。

“目前，我们的确有资金方面的困难，不能全部引进，这点务必请美方同事们理解和原谅，而且我们希望在我们困难的时候，你们能伸出友谊之手，为我们将来的合作奠定一个良好的基础。”这段话通情达理，仿佛不是在做生意，而是朋友间的互相帮助，让美方开始考虑广东玻璃厂的方案。最终，双方签订了协议。

思考

在上述谈判过程中，面对美方公司的拒绝，广东玻璃厂厂长采用了什么样的语言技巧，达到了什么样的效果？你从中得到什么启示？

谈判课堂

任务 3.1 掌握商务谈判的语言技巧

商务谈判的过程实质上就是谈判人员的交流过程。为了在谈判中掌握主动权，获得满意的结果，谈判人员必须因时、因地、因人地灵活运用各种语言技巧。

3.1.1 问与答的技巧

1. 问的技巧

提问是商务谈判中认识对方和对对方进行摸底探测的重要手段。在商务谈判过程中，通过恰到好处的提问，谈判人员通常可以获取自己需要的信息，发现对方的动机与需要，传达己方的疑惑，打破冷场或僵局时的沉默。

谈判典例

一个衣冠楚楚的人站在一幢房子大门前的台阶上，按响了门铃，当主人把门打开时，这个人问道："您家里有高级的食品搅拌器吗？"这突然的一问使主人不知怎样回答才好。他转过脸和夫人商量，夫人有点窘迫但又好奇地答道："我们家有一个食品搅拌器，不过不是特别高级的。"这个人回答说："我这里有一个更适合您的。"说着，他从提包里掏出一个新型食品搅拌器，向这对夫妇进行推销。

假如这个推销员一开口就说："我是某公司的推销员，我来是想问一下你们是否愿意购买一个新型食品搅拌器。"很可能这对夫妇就不会允许他进行推销了。

（1）提问的方式

提问的方式有很多种，包括证实性提问、选择式提问、引导式提问等，谈判人员可以根据具体情况选择合适的提问方式。

- ✧ 证实性提问。证实性提问是指把对方的话重新措辞后，再向对方提出，以期得到对方的证实或补充的一种提问方式。例如，"你说的格式合同是不是这种？"等。
- ✧ 选择式提问。选择式提问是指列出备选项目，希望对方做出适当的考虑或让步的一种提问方式。例如，"贵方是愿意按现有价格实行分期付款，还是愿意即时付款但享受优惠价格？"等。

谈判典例

某商场休息室里经营咖啡和牛奶，刚开始服务员总是问顾客：“您好，喝咖啡吗？”或者“您好，喝牛奶吗？”其销售额平平。后来，老板要求服务员换一种问法：“您好，喝咖啡还是牛奶？”结果其销售额大增。原因在于第一种问法容易得到否定回答，而后一种是选择式提问，大多数情况下顾客会选择一种。

- ✧ **引导式提问。**引导式提问是指提出对答案具有强烈暗示性的问题，以引导对方的思维，使其赞同己方的一种提问方式。例如，“这样的价格您可以接受的，对吧？”“这已经是最优选项了，您觉得呢？”等。
- ✧ **探索式提问。**探索式提问是指谈判的一方为了获得更深一层的信息，要求对方就具体问题进行说明或者举例阐述的一种提问方式。例如，“刚才您对贵公司经营状况的介绍和外界所传的很不一样，您是不是可以给我们一个合理的解释？”等。
- ✧ **是非式提问。**是非式提问是指需要对方明确表态时，采用仅仅要求对方回答“是”或“不是”的提问方式。例如，“您是否调查过本公司的信誉？”等。

拓展阅读 TUOZHAN YUEDU

向孩子学习谈判技巧

当我们谈及孩子时，所能想到的除了“纯真、乖巧、热情”，还有“顽固、坚定、霸道”等。和孩子进行争论，最终获胜的通常是他们，所以有一种说法是“孩子是世界上最棒的谈判高手”。从孩子身上我们可以学到的谈判技巧包括以下几个方面。

装糊涂

孩子在运用这一技巧时有下面两种表现：要么装作没听明白，要么装作没有听见。例如，他们会用逐渐升高的语调说：“什么？什么？什么？”最后，其他人会出于无奈不再和他争辩。谈判时，如果己方还未做好充分准备，可以假装没有听懂对方表达的内容，从而赢得思考的时间。但装糊涂也要适可而止，以免塑造不听他人意见或缺乏敏感性的形象。

舍面子

由于孩子的自尊尚未完全建立，因此他们常常会不顾形象地尽情讨价还价，从而获得更多的利益。谈判人员在谈判中也可以选择舍弃面子进行磋商，努力维护己方利益。舍弃面子会让对手认为其自身才是赢家，但其实己方只是通过面子上的部分损失换取了切实的利益。

不放弃

孩子有一种永不放弃的精神，他们会一次又一次地表明自己的需要，缓慢而坚定地消除对方的一道道防线，直到得到自己想要的东西。这一技巧在谈判中同样奏效，只要己方保持一定的专业风度且有真正的实力，便可通过一次次的要求来逐步摧毁对方的防线。在此类情况下，对方可能还会对己方的执着表示赞赏，因为己方的持之以恒或许可以预示己方在合作及后续工作上的高效率。

资料来源：http://www.doc88.com/p-7743887786496.html

（2）提问的时机

在商务谈判过程中，什么时候提问也是值得关注的。掌握好提问的时机，有助于引起对方注意，掌握主动权，使谈判取得出奇制胜的效果。

- **在对方发言完毕后提问。**在谈判中，对方发言时一般不要急于提问，而应认真倾听，因为打断别人发言是不礼貌的，容易引起他人反感。在倾听的过程中，若发现问题可以先记下来，待对方发言完毕后再提问。这样不仅能够体现自己的修养，而且能够全面完整地了解对方的观点和意图，避免因操之过急而曲解或误解对方的意图。
- **在对方发言停顿、间歇时提问。**在谈判中，如果因对方发言冗长、不得要领、纠缠细节、离题太远等问题影响谈判进程，那么可以在其停顿或间歇时提问，以控制谈判进程，争取主动。例如，当对方停顿时，可以借机提问："细节问题我们可以再谈，请先谈谈产品质量好吗？""第一个问题我们明白了，那第二个问题呢？"……
- **在己方发言前后提问。**在谈判中，当轮到己方发言时，可以先就对方的发言进行提问，然后再阐述己方观点。提问时可以要求对方回答，也可以自问自答，如"您刚才的发言要说明什么问题呢？我的理解是……""价格问题您讲得很清楚，但质量和售后服务怎样呢？我先谈谈我们的要求，然后请您答复。"通过自问自答，可以争取主动，防止对方接过话影响己方发言。

2. 答的技巧

在商务谈判中，有问必有答，提问有技巧，回答也要有相应的技巧。当对方提出问题时，己方的答复往往意味着承诺，所以谈判人员在答复问题时必须谨慎。回答的技巧主要包括以下几个方面。

（1）认真思考

在答复前，谈判人员要对对方提出的每个问题进行认真思考，考虑"他为什么问这个问题""这对全局利益有什么影响"等。另外，越是在对方催逼自己作答的情况下，越要沉着从容、深思熟虑。谈判人员需要牢记，答复前做充分的思考不仅是谈判的需要，也是自己的权力。尤其是碰到对方提出一些旁敲侧击、模棱两可的问题时，更需要冷静三思，辨其意旨，权衡利弊，明智作答，切不可掉以轻心、信口而答，以免上当。

（2）有选择地答复

在谈判中，很多提问都属于“投石问路”，是对方为了解己方谈判立场和态度做出的试探。因此，面对对方提出的众多问题，谈判人员不必有问必答，而应该有选择地答复，或只做局部地答复，使对方无法了解己方的底牌。

（3）含糊应答

当谈判中遇到一些比较棘手的问题，一时难以确切地回答，而如果拒不回答又会影响到谈判气氛时，谈判人员可以运用含糊其词的应答方法，即借助一些宽泛模糊的语言进行回答。例如，“你方提出的问题和要求我方是完全理解的，会予适当考虑，不过有的因素是可以忽略的，比如货物检验方面，我想只要我们两方都从全局考虑就很容易达成共识。”等。

谈判小贴士

含糊应答并不意味着回答问题时答案模棱两可。在通常的情况下，应尽量避免使用“可能是……”“大概如此”“好像……”“听说……”“似乎……”等模棱两可的语言。在一些特殊的情况下，这种模棱两可的语言可以帮助谈判人员实施某些计策，但如果对方要求己方回答一些关键问题，己方仍然使用这些语言，则很可能导致谈判失败。

（4）答非所问，以问代答

当谈判对手提出的问题不好回答，或做出回答会带来某些风险与不利影响，而对方又一再催促时，谈判人员可以采用“答非所问”的策略。例如，“你提的这个问题我方也认为确实重要，我们的看法是必须切实解决，而这就涉及一个更为关键的问题，这就是……”“刚才你提到的问题很值得讨论，之前我方就遇到过这样一件事……不知你们对此有何看法？”等。此外，谈判人员也可以在接过问题后通过抓住关键的问题向对方反问，实现反客为主，掌握主动权。

（5）委婉拒答

对于一些明显不值得回答或不便回答的问题，如果不回答对方也无法指责的话，完全可以不予理会。谈判人员可以使用诸如皱眉头、目光旁视等动作向对方表达出所提问题无法回答的信息，或者直接用语言表达，如“这类问题，只要你仔细想想，就会找到答案的。”“我想现在还不是讨论这个问题的时候。”等。

3.1.2 听与辩的技巧

1. 听的技巧

沟通中的倾听与提问

在商务谈判中，只有清楚地了解对方的观点和立场后，才能根据对方意图提出己方对策。因此，为了保证能够及时、准确、恰当地获取信息，以及有效地反馈信息，谈判人员必须掌握商务谈判中倾听的技巧。

（1）专心致志地听

谈判人员在听对方发言时要聚精会神，以积极的态度去倾听。即使是自己已经熟知的话题，也应避免出现充耳不闻、心不在焉、“开小差”等现象，做到时刻集中精神，给予发言者关注，努力分析其讲话内容的隐含意义。

（2）耐心地听

积极有效地听的关键在于谈判人员在双方沟通过程中，能够耐心地倾听对方的阐述，不随意打断他人的发言。这不仅是个人良好修养的体现，而且有利于对方完整而充分地表达其意图，也有利于己方全面、准确掌握对方的心态及意图。耐心地听要求谈判人员在对方完整表达之前不轻易提出问题或进行反驳，而是等对方把话说完，并用目光、表情及微小的动作对其进行鼓励与回应。

（3）做适当的记录

图 3-1　做记录的谈判人员

通常来说，人们即时记忆并保持的能力是有限的。在谈判时间较长，发言内容较多时，谈判人员应该在倾听时对所获得的信息做适当的记录（见图 3-1）。在后续谈判中，谈判人员可以根据记录的内容进行有效分析，正确理解对方讲话的含义，并适时向对方提出问题。此外，通过做记录，还能够表达出谈判人员对发言者发言内容的重视。

谈判问答

无论是在商务谈判中还是在日常的正式会议中，做好记录都是必要的，你认为应该如何做记录才能保证高效、准确？

（4）有鉴别地听

在专心倾听的基础上，为了达到良好的倾听效果，应该采取有鉴别的方法来倾听对方发言。尽管对方谈判人员会在谈判前为发言做准备，但在实际谈判中还需要随机应变，边说边想，有时表面上听起来会让人找不到重点。因此，谈判人员需要在专心倾听的同时，鉴别听到的信息的真伪，并且去粗取精。

（5）克服先入为主

先入为主的倾听，往往会扭曲发言者的本意，忽视或拒绝与自己想法不符的意见，这种做法是不利于商务谈判的，有可能导致判断失误，做出错误的反馈。因此，谈判人员不应带着自己的主观想法来听取对方的发言，而应客观、公正地倾听，把对方的发言听全、听透。

2. 辩的技巧

在商务谈判中，辩论是不可避免的。尤其是在讨价还价的磋商阶段，谈判双方会针对一系列问题进行辩论，表达己方观点、驳斥对方观点、谋求双方意见一致，且都希望谈判朝着有利于己方的方向发展。“辨”最能体现谈判的特征，它具有谈判双方相互依赖、相互对抗的二重性，是人类语言艺术和思维艺术的综合运用，具有较强的技巧性。

（1）理智争辩，以和为贵

在商务谈判中，一切条件都需要经过双方谈判人员的多番智慧角逐、话语较量才能够最终达成一致。在谈判过程中，双方会为了各自的利益进行来回辩论，唇枪舌剑中有可能因为观点的交锋，而造成谈判人员的个人冲突，影响商务谈判结果。因此，谈判人员在辩论中应该始终保持理智，坚持以和为贵、就事论事的原则。

（2）事理交融，逻辑严密

商务谈判中的辩论，往往是双方在磋商中遇到较难解决的问题时才发生的。一个优秀的谈判人员在谈判前应该做好必要的资料准备，在谈判中头脑清醒、冷静，思维敏捷，根据搜集的资料条理清楚地论证自己的观点，做到表达严密且富有逻辑性。只有这样才能应付各种各样的谈判对手。

（3）态度客观，用词谨慎

在商务谈判中，双方都应该用客观的态度对对方做出公正的评价，同时要善于站在对方的角度看问题，对可能出现的各种问题进行合理有效的辩论。但是，无论双方在辩论中多么针锋相对，都应该注意保持文明并使用正确的语言，做到举止端庄，展现诚意。切忌使用鼓动性、煽动性的语言，忌无理纠缠，忌用侮辱性语言进行人身攻击。

谈判问答

“开价就这些，买不起就明讲。”“你们为什么不同意，是不是你们的上司没有点头？”“你们这样做，后果自负！”“你们肯定是那样想的，这样的想法太糟糕了。”“上次交易你们已经赚了五万，这次怎么还好意思占便宜？”诸如此类的表达是商务谈判应该注意避免使用的语言。除上述语言外，你还能设想出哪些用词不谨慎的表达？

（4）抓住优势，守住底线

在商务谈判的辩论中，如果己方处于优势状态，应该注意打起精神，抓住优势，自信地表达己方观点，维护己方立场。如果己方处于劣势状态，则要记住这只是暂时的，应该沉着冷静，守住底线，从容不迫地应对对方的言论，切忌一而再再而三地让步。

3.1.3 说服的技巧

说服是指设法使他人改变初衷，心悦诚服地接受己方的意见。一般来说，在说服对方时，要注意以下几点。

（1）取得对方信任

信任是人际沟通的基石，取得对方的信任是说服对方的前提条件。当一个人考虑是否接受他人意见时，总是会先衡量一下他与说服者之间的熟悉程度和友好程度。因此，谈判人员应该积极与对方建立良好的人际关系，取得对方信任，从而化解对方的心理警戒，在谈判中掌握主动权。

（2）激发对方认同

在说服谈判对手时，谈判人员应注意不要只谈己方的理由，而应研究对方的心理和需要，寻找到对方更容易接受的谈话切入点，强调双方立场一致的方面，淡化与对方立场的差异，步步深入，引导对方慢慢接纳己方的意见。同时，也要注意给对方留有发表意见的机会。

（3）先言利，后言弊

谈判人员在进行说服时，要注意先谈好的信息、好的情况，再谈坏的信息、坏的情况，并进行得失比较，以利大于弊的结论说服对方。但要注意这并不意味着只报喜不报忧，因为只有把问题的好坏两面都和盘托出，才能使人信服。

巧妙说服的技巧

（4）运用具体事例说服

人们做事、处理问题都会受个人经历和经验的影响，所以历史经验和个别具体化的事例比概括的论证更有说服力。因此，在商务谈判中，谈判人员在说服对方时，应旁征博引，使用具体的事例说明己方观点，而不是一味地说教。

任务 3.2　掌握商务谈判的非语言技巧

非语言技巧是相对于语言技巧而言的，是指在谈判过程中，谈判人员通过面部表情、身体动作等肢体行为交流信息、进行沟通的技巧。面部表情、身体动作等传递的信息往往比语言所传递的信息更为丰富、真实。因此，在谈判中谈判人员应该善于洞察同伴及对手的非语言变化，灵活应用各种非语言技巧。

3.2.1　沉默的技巧

在谈判中，除了语言，沉默也能表达己方的立场和观点。人为的主动沉默还可以为谈判气氛降温，从而达到向对方施加心理压力的目的。需要注意的是，在谈判中使用沉默必须掌握一定技巧，恰当使用。

1. 要有恰当的沉默理由

谈判人员在表现沉默时，必须要有恰当的沉默理由。其中，常采用的沉默理由包括：假装对某项技术问题不理解，假装不理解对方对某个问题的陈述，假装对对方的某个礼仪失误表示十分不满等。

2. 注意场合

在该开口的场合保持沉默，该沉默的场合又开口都是不礼貌的行为。因此，主动沉默要考虑到场合。例如，在谈判开始之前的准备过程中，谈判参与方可能会有一些寒暄的场景，以调节气氛，促进关系，此时若保持沉默则会给人留下傲慢、无礼的印象；在双方谈判过程中，对对方多次明确提及的问题都保持沉默，不予回答，则会使对方认为己方在逃避问题，从而产生不信任感。

3. 了解差异

各地不同的文化背景必然导致各地谈判人员在交际行为中的差异。例如，在部分地区可能存在健谈的人更受欢迎的情况，而在某些地区则可能更偏爱沉默思考的人，谈判人员需要根据不同情况适当采取沉默。此外，不同的人有着不同的交际模式，谈判人员需要在谈判前了解对方的个性及其可能对沉默现象的理解，才能在谈判过程中利用沉默来达到谈判的目的。

3.2.2 识别行为语言的技巧

人的面部表情和身体动作会表现一定的思想内容。谈判人员如果能够有效识别这些行为语言背后的意义，就更容易洞察对方的心理状态，捕捉到其内心活动，从而促使谈判朝着有利于己方的方向发展。

1. 眼睛语言

人们常说“眼睛是心灵的窗户”，表明眼睛具有反映内心世界的功能，人的情绪和态度变化通常可以从眼睛中表现出来。人们通过眼视方位的不同、眨眼频率的变化，产生不同的眼神，传达不同的信息。常见的眼睛语言有以下几种。

谈判中的语言和肢体语言管理

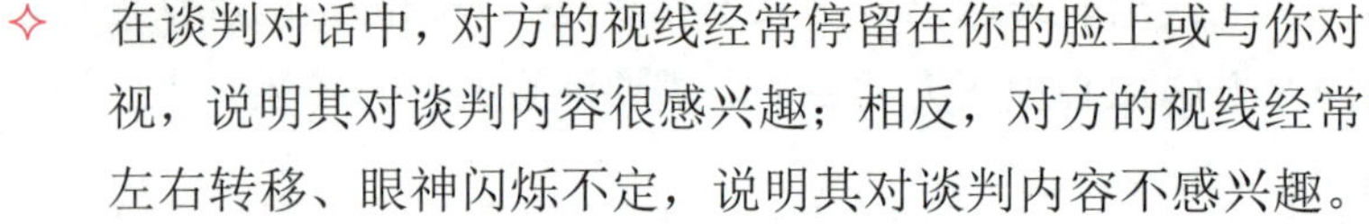

- ✧ 在谈判对话中，对方的视线经常停留在你的脸上或与你对视，说明其对谈判内容很感兴趣；相反，对方的视线经常左右转移、眼神闪烁不定，说明其对谈判内容不感兴趣。
- ✧ 对方在说话和倾听时几乎不看你，偶尔瞥一下你的脸也迅速移开，说明对方诚意不足或企图掩饰不实的地方。
- ✧ 谈判中谈及价格等关键内容时，对方时时躲避对视，则说明对方很可能把卖价抬得偏高或把买价压得过低。
- ✧ 对方眨眼的时间明显长于自然眨眼时间，说明对方对谈判的内容或对你本人已产生了厌烦情绪；对方眨眼迅速，可能是对所谈内容感兴趣，也可能是为了消除紧张情绪。

2. 表情语言

在商务谈判中，谈判人员的表情通常会传达出重要的信息，嘴的张合、眉毛的耸动等都有着特定的含义。常见的表情语言有以下几种。

- ✧ 嘴巴微微张开，嘴角朝两边舒展，面部肌肉放松，眉毛轻扬，表示对方对谈判内容感兴趣。
- ✧ 眼睛轻轻一瞥，嘴角向下，眉毛皱起，表示对方感到不满或者疑虑。
- ✧ 眼睛平视，视角偏向下，眉毛平平，面带微笑，表示对方正在认真倾听（见图 3-2）。
- ✧ 嘴巴微张，瞳孔扩张，眉毛上扬，面部肌肉较紧张，通常是对方对谈判内容表示高兴、吃惊的表现。

图 3-2　认真倾听的谈判人员

3. 身体动作

（1）头部动作

在谈判中，如果对方怀有积极和肯定的态度，在说话时就会频频点头；如果对方对谈话持中立态度，则往往会做出抬头的动作，并一直保持，只偶尔轻轻点头；如果对方怀有强势、傲慢的态度，则往往会把头高高昂起，并使下巴向外突出；如果对方一直低头，压低下巴，则通常意味着否定态度。

（2）手势

手势是人们在交谈中使用最多的一种行为语言。在商务谈判中，手势的合理运用有助于谈判人员表现自己的情绪，增加说话的说服力和感染力，特殊情况下，也可以向己方谈判人员传递相关信号。商务谈判中常见的手势有以下几种。

- 谈判中，谈判人员两手手指相互交叉，两个拇指相互搓动，通常表示其对谈判内容不甚在意或对提出的条件感到烦躁不安等。
- 如果你在陈述时，对方前倾托腮，注视你的脸，则表示其对你所讲内容很感兴趣；若对方身体后仰托腮，视线向下，则表示其对你所讲内容存在疑虑或不以为然。
- 谈判人员两手手指并拢架成耸立的塔形并置于胸前，通常表示独断或高傲。
- 在谈判磋商中，挠头表示犹豫不决，感到为难；搓手则表示急切期待。

谈判典例

A 公司要派 3 名谈判人员到 B 公司洽谈货物采购业务。在进行价格磋商时，B 公司谈判人员报出己方的价格，A 公司谈判人员认为这个价格与预期的价格相差比较大，B 公司则态度较为坚决，直言让步的可能性小。

经过一番沟通后，A 公司谈判人员开始频繁挠头、摸脸。看到这个动作，B 公司谈判人员认为谈判的关键时机到了，没有再向 A 公司施加压力，而是表示，感受到了对方合作的意愿，决定将价格降低一部分。A 公司谈判人员听到最后确定的价格后，认为虽然与己方预期的价格有差距，但也是比较理想的一个价格，于是迅速地表示了签订合同的意愿。

（3）腿部动作

在谈判中，谈判人员通常都坐在谈判桌旁，腿部动作较不明显，但是腿部是人最先表露潜意识的部位，因此，在高度紧张的谈判过程中腿部的动作也应该被关注。商务谈判中常见的腿部动作语言有以下几种。

- ✧ 谈判人员采取一般性的交叉跷腿的坐姿（俗称“二郎腿”），身体后仰并伴以消极手势，通常意味着拒绝、傲慢或较强的优越感，反之，则意味着合作态度。
- ✧ 谈判人员将一只脚架在另一条腿的大腿处，并且身体向后仰靠，通常表明其傲慢、怀疑的态度；但若将脚架起后，上身前倾并滔滔不绝地说话，则意味着其是个热情但文化素质较低的人，对谈话内容比较感兴趣。
- ✧ 谈判人员坐下时双膝分开上身后仰，表示其是充满自信的、愿意合作的、自觉交易地位优越的人，但此类谈判人员在谈判中通常较难做出让步。
- ✧ 在谈判过程中，谈判人员无意识地抖动小腿或用脚尖拍打地面，通常表示其正处于思考状态，且内心较为焦躁不安。

实战演练

谈判技巧分析

任务概述

利用多种方法、多种渠道从多个平台上查找涉及商务谈判的电影或电视剧片段。分析该片段中主人公进行商务谈判时所使用的语言技巧与非语言技巧。各小组派出代表，以 PPT 的形式向全班同学介绍及分享本组的成果。

任务分组

全班学生自由分组，每组 3～5 人，各组选出组长并进行任务分工，将小组成员及分工情况填入表 3-1 中。

表 3-1　小组成员及分工情况

班级		组号		指导教师	
小组成员	姓名	学号	任务分工		
组长					
组员					

任务准备

（1）熟悉资源检索的方法。

（2）了解一定的商务谈判技巧。

任务实施

按照小组分工情况开展实践活动，并将具体的实施情况记录在表 3-2 中。

表 3-2　实施情况记录表

时间安排	实施步骤
	1．查找相关电影或电视剧
	2．截取电影或电视剧的部分片段

（续表）

时间安排	实施步骤
	3．小组讨论，分析片段中相关人物在商务谈判中运用的语言及非语言技巧，并做好记录
	4．制作演示 PPT
	5．在全班同学面前进行讲解分享

评价反馈

各组配合指导老师完成如表 3-3 所示的考核评价表。

表 3-3　考核评价表

项目名称	评价内容	分值	评价分数		
			自评	互评	师评
成果评价（30%）	所做分析记录条理清晰，内容完整	15			
	PPT 制作精美，将视频与文稿巧妙结合	10			
	讲解口齿清晰、仪态大方	5			
技能评价（50%）	能够熟练运用各种检索方法	15			
	所选片段符合活动主题	15			
	能够熟练运用所学知识对所选片段进行正确分析	20			
素养评价（20%）	具备团队精神，能够积极与他人合作	10			
	积极、认真实施任务，并按时完成	10			
合计		100			
总评	自评（20%）+互评（20%）+师评（60%）=	教师（签名）：			

素质园地·自信中国

中国积极推动 RCEP 谈判

2020 年 11 月 15 日，第四次区域全面经济伙伴关系协定领导人会议以视频形式举行，东盟十国（东盟即东南亚国家联盟，成员国包括马来西亚、印度尼西亚、泰国、菲律宾、新加坡、文莱、越南、老挝、缅甸和柬埔寨），以及中国、日本、韩国、澳大利亚、新西兰 15 个国家，正式签署区域全面经济伙伴关系协定（Regional Com-prehensive Economic Partnership，RCEP）。

RCEP 谈判是东亚地区参与成员最多、规模最大的贸易协定谈判。2012 年 11 月，东盟十国及中国、日本、印度、韩国、澳大利亚、新西兰 16 个国家领导人共同发表《启动 RCEP 谈判的联合声明》，提出了在 2015 年底达成协议的目标，谈判自此正式启动。

经过 40 多年的改革开放，特别是加入世界贸易组织十多年来的快速成长，我国的经济总量、企业竞争力、经济管理水平都显著提升，参与全球竞争的能力明显增强，对外部市场拓展的需求也更加紧迫。在 RCEP 成员国中，我国经济体量最大，我国有能力也有责任在谈判中发挥重要作用。

因此，自 2012 年以来，我国积极主动加快推动谈判进程。针对谈判中的分歧与难点问题，我国积极与各成员国加强沟通，以更加灵活和弹性的原则，求同存异，用创造性的思维方式，共同寻求智慧的解决方案。更重要的是，我国凝聚国内共识，以更加开放的立场、更加自信的心态去参与和推动 RCEP 谈判。

资料来源：http://www.mofcom.gov.cn/article/ae/ai/201408/20140800714299.shtml

项目 4

提升商务谈判礼仪修养

项目导读

商务谈判礼仪是礼仪在商务谈判活动中的具体体现。随着社会经济的不断发展，企业间的商务交往越来越频繁，谈判活动时有发生，礼仪在商务谈判中的作用也日益突显。只有学好礼仪，并将其有效地运用在商务谈判中，才能拉近与谈判对象之间的距离，推进商务谈判的顺利开展。

学习目标

知识目标

- ✧ 了解商务谈判礼仪的概念、特征和作用
- ✧ 熟悉商务谈判中形象礼仪的总体要求
- ✧ 掌握商务谈判场合的称呼与问候、介绍、握手、递接名片等礼仪

技能目标

- ✧ 了解着装技巧，在参与商务谈判活动时能够合理搭配，着装得体
- ✧ 在商务谈判活动中，能够灵活运用合乎规范的礼仪，正确与他人握手，礼貌进行介绍
- ✧ 在商务谈判活动中，能够根据商务谈判礼仪的规范和要求，进行接待工作

素质目标

- ✧ 掌握商务礼仪基本知识和技巧，强化在人际交往中的礼仪意识，提升个人修养，做到以礼待人
- ✧ 通过自我审视，完善自我形象，提升个人审美，树立自信
- ✧ 能够认识并尊重世界各国不同的礼仪和文化，拓展国际视野

谈判现场

谈判座位安排有讲究

小李是某公司上海分公司的业务经理，近日分公司将与北京一家企业就相关合作事宜进行洽谈，并请来了总公司总经理和董事会的部分董事出席。为此，公司委派小李负责此次洽谈的组织工作。

根据洽谈会议的规模，小李安排工作人员在会议前一天布置了长方形会议桌。工作人员把己方人员的位置安排在面向门的一边，客方人员则是背门而坐，总公司领导的座位位于己方主谈人员左边。在会议的当天，来宾们进入了会场，按照安排好的座签找自己的座位准备就座。突然，有位来宾问："我的位置在哪里？"原来是工作人员忙中出错，把他的名字给漏了。对方谈判人员相互低语后借口有事站起来要走，气氛一时非常尴尬。

思考

你对商务谈判中的座次礼仪是否有一定的了解？此案例给你什么启示？

谈判课堂

任务 4.1　了解商务谈判礼仪的基础知识

礼仪是礼和仪的总称，"礼"指礼节和礼貌，"仪"指仪表、仪式等。它是人们在长期社会生活中所形成的、表示敬重和友好的方式，是人们在社交活动中要遵守的行为准则。

商务谈判礼仪是礼仪在商务谈判活动中的具体体现，是谈判人员在长期商务谈判交往中形成的一种约定俗成的礼仪规范。商务谈判能否取得成功受诸多因素影响，礼仪也是其中之一。在商务谈判过程中做到以礼待人，不仅体现着谈判人员自身的修养，还会给谈判对手留下良好的印象，对谈判的成功起着推动作用。

4.1.1 商务谈判礼仪的特征

商务谈判礼仪具有规范性、差异性、技巧性等特征。

1. 规范性

商务谈判礼仪具有规范性是指在商务谈判中待人接物都有一定的标准。谈判人员遵守商务谈判礼仪，规范着装及言谈行为，就能够在谈判中表现得体，树立良好的形象。需要注意的是，商务谈判礼仪起的是舆论约束的作用，不具有强制性。

2. 差异性

地区不同、文化背景不同，商务谈判礼仪在内容和形式上也存在一定的差异。例如，不同国家和地区的人，其问候形式不同，有的脱帽点头致意，有的手抚胸口致意，有的握手致意。在商务谈判中，谈判人员要事先了解谈判对手的文化背景、行为习惯、个人喜好等，以便采用合适的礼仪规则，从而赢得对方的好感，为谈判的顺利进行打下良好基础。

3. 技巧性

商务谈判礼仪的技巧性主要表现在商务谈判礼仪要讲究技巧，灵活应变，做到有所为、有所不为。其中，有所为是高标准，如在谈判中要适应对方，夸奖对方时应夸到点子上；有所不为是低标准，如在谈判中应该实事求是，不能欺骗对方。

4.1.2 商务谈判礼仪的作用

商务谈判礼仪主要具有规范行为、塑造良好形象和增进人际沟通的作用。

1. 规范行为，提供合作契机

礼仪是一种行为准则，规范各种行为，使人明白该做什么及如何做是它的基本功能。在商务谈判中，商务谈判礼仪能够规范个人和组织的行为，使谈判以一种更加体面、友好的方式进行。例如，在签约仪式上，按照商务谈判礼仪程序进行操作，能够体现合作的正规和隆重。

2. 塑造良好形象，提升企业效益

商务谈判礼仪能够为谈判人员塑造良好的形象，有利于促进谈判的顺利进行。而谈判人员的良好形象又能够帮助塑造和宣传企业形象，从而提高企业的知名度和美誉度，利于提升企业的经济效益和社会影响力。

谈判典例

某医疗器械厂与另外一家工厂达成了引进输液管生产线的协议，第二天就要签字了。当医疗器械厂的厂长陪同另一家工厂的代表参观车间的时候，医疗器械厂的厂长习惯性地向墙角吐了一口痰，然后用鞋底去擦。这一幕让另一家工厂的代表彻夜难眠，他给医疗器械厂厂长送去一封信："恕我直言，一个厂长的卫生习惯可以反映一个工厂的管理素质。况且，我们今后要生产的是用来治病的输液皮管。人命关天！请原谅我的不辞而别……"一项已基本谈成的项目，就这样被"吐"掉了。

3. 增进人际沟通，促进合作共赢

商务谈判是一个人际交往的过程，谈判双方抱着同样的目的参与谈判，希望能够取得双方都满意的结果。在谈判过程中，谈判人员可以通过言语、行动、表情、礼品馈赠等向谈判对手表达感情、传递信息。例如，谈判人员衣着整洁、谈吐得体、举止优雅，可以向对方传达尊敬和友好之意，使双方建立良好的人际关系，从而促进合作。此外，礼貌的语言可以在谈判双方意见相左时，使谈判仍保持良好的气氛，降低谈判破裂的可能性。

任务 4.2　掌握商务谈判的形象礼仪

在商务谈判中，若一个人服饰整洁，修饰得体，彬彬有礼，那么人们会对他另眼相看，会对其所代表企业的产品和服务质量抱有信心，这自然也为谈判的成功增加了可能。

4.2.1　仪容礼仪

仪容是指人的外表和容貌。它反映了一个人的精神面貌，是传达给接触对象最直接、最生动的第一信息。在谈判活动中，谈判对手最先关注的就是谈判人员的仪容，并会据此对谈判人员个人及其所属企业做出判断，所以谈判人员要保证自己的仪容洁净清爽、得体自然，以便给对方留下良好印象。

1. 头发修饰

头发修饰是仪容中极为重要的部分，谈判人员应保证头发整洁，发型得体。男士的发型要干净不凌乱，且不宜过长，要做到"三不过"，即前不过眉、侧不过耳、后不过领。女士的发型发式应注重简洁、美观大方，不留新潮奇异的发型。女士还可以佩戴一些发饰，如发卡、发带，但色泽不可过分鲜艳，应庄重大方。

2. 面部修饰

在商务谈判中，整洁明朗、容光焕发的面部能够给对方留下良好的印象。男士要注意保持细部的整洁，坚持每日剃须修面，保持面部洁净；若要留胡须，则应将胡须修理成型。而女士通常要化妆，注意不宜浓妆艳抹，应以淡雅得体为主。适当的美容化妆是一种礼貌，也是自尊、尊人的体现。

4.2.2 服饰礼仪

一个穿着得体的人，往往能够赢得交际对象的信任和好感。在商务谈判中，服饰的样式、颜色及搭配都会反映谈判人员的精神面貌。因此，作为商务谈判人员，注意着装的基本礼节很有必要。

在商务谈判场合，男士通常应穿灰色或是黑色等深色西装，且一定要裁剪合体。西装的标准衣长为刚好盖过臀部，衣服垫肩与人体肩膀吻合，衣袖长达腕部，抬放手臂时衣服不会出现皱褶或紧绷感。西装外套上的口袋一般不装东西，只做装饰用。西装的裤长应刚好到鞋跟与鞋帮的接缝处。此外，男士穿西装时，还应注意与其他衣饰（如衬衫、领带、皮带、鞋袜等）的搭配协调。

在商务谈判场合，女士一般应着西装套装或套裙。颜色应当以冷色和暗色为主，如藏青色、炭黑色、烟灰色、茶褐色、棕色等。穿着套裙时，还应注意鞋袜的选择和搭配。一般来说，需要穿肉色的长筒或连裤式丝袜。另外，穿面料较为单薄的裙子时，应着衬裙。

此外，在商务谈判中，谈判人员一般不应该佩戴饰品，包括项链、耳环和耳钉、戒指等，如佩戴则必须“少而精”。选择饰品的要求是体积较小、装饰效果明显，选用饰品的原则是有利于表现整体形象。

谈判典例

郑伟是一家零售企业的总经理。有一次，他获悉国内一家著名企业的董事长正在本市进行访问，并有寻求合作伙伴的意向。于是他想尽办法，请有关人员为双方牵线搭桥。让郑伟欣喜的是，对方也有兴趣同他的企业进行合作，而且希望尽快与他见面。到了双方会面的那一天，郑伟特意对自己的形象进行了一番修饰。他根据自己对时尚的理解，上穿夹克衫，下穿牛仔裤，头戴棒球帽，足蹬旅游鞋。他希望自己能给对方留下精明强干、时尚新潮的印象。可是，当他精神抖擞、兴高采烈地带着秘书出现在对方面前时，对方看着他上下打量了半天，非常不满意。最终，这次合作没能成功。

4.2.3 仪态礼仪

仪态是指人的身体在行为中表现出来的姿势，主要包括站姿、坐姿、走姿、表情、手势等。

1. 站姿礼仪

良好的站姿能够展现出个人的气质和风度。正确的站姿是两脚跟着地，腰背挺直，双肩放平，双臂放松，自然垂于体侧，双腿并拢直立，膝盖紧贴，双脚后跟靠紧，脚尖分开呈 60°。男士双脚可分开，但不能超过肩宽，如图 4-1 所示。在商务谈判场合，不宜将双手插入衣袋或裤袋中，也不可将双臂交叉抱于胸前，更不要抖腿或晃动身体，否则会有失庄重。

站姿与坐姿礼仪

男士站姿 1

男士站姿 2

女士站姿

图 4-1　站　姿

2. 坐姿礼仪

坐姿礼仪是指入座、在座、离座时的姿势规范。一般来说，入座和离座时都应保持身体平稳，动作轻缓。入座时，女士还应轻拢裙摆，以保持裙边平整、不起皱。

坐姿的基本要领如下：

- ✧ **上身平直：**头部端正，双目平视，嘴唇微闭，双肩放平，腰部挺直。
- ✧ **四肢摆好：**两臂自然弯曲，双手放在腿上，双膝并拢，双腿正放或侧放。
- ✧ **椅面不满：**在座时，宜坐满椅子的 1/2～2/3，而不宜坐满椅面。
- ✧ **侧坐交谈：**与邻座交谈时，可以侧坐，此时上体与腿应同时转向一侧。

谈判典例

有一位美国华侨到国外洽谈合资业务，洽谈了好几次，最后一次来之前，他曾对朋友说："这是最后一次洽谈了，我要跟他们的最高领导谈，谈得好，就可以合作。"过了两个星期，他又回到了美国，朋友问："谈成了吗？"他说："没谈成。"朋友问其原因，他回答："对方很有诚意，进行得也很顺利，就是对方公司的领导跟我谈判时，不时地抖着他的双腿，我觉得还没有跟他合作，我的财都被他抖掉了。"

（1）男士坐姿

具体来说，男士的坐姿主要有正位式和重叠式两种。

✧ **正位式坐姿：**上身与大腿、大腿与小腿、小腿与地面均成直角，双膝、双脚自然分开（不超过肩宽），双手分别放在两腿上，如图 4-2（a）所示。

✧ **重叠式坐姿：**双腿上下交叠，下面那只腿的小腿与地面垂直，上面那只腿的小腿向里收，紧贴下面的那只腿，双手互握放在大腿上，如图 4-2（b）所示。采用这种坐姿时，切勿双手抱膝或两腿抖动。

（a）正位式坐姿

（b）重叠式坐姿

图 4-2　男士坐姿

（2）女士坐姿

女士的坐姿主要有正位式、侧点式、交叉式和重叠式四种。

✧ **正位式坐姿：**上身与大腿、大腿与小腿、小腿与地面均成直角，双腿并拢，双膝紧贴，双手虎口相交放于左腿上，如图 4-3（a）所示。

✧ **侧点式坐姿：**上身坐直，双腿并拢，大腿与上身垂直，小腿与上身平行并斜放于一侧，与地面成 45°，双手虎口相交放于左腿上，如图 4-3（b）所示。

✧ **交叉式坐姿**：与侧点式坐姿相似，不同之处在于双脚在脚踝处交叉，如图 4-3（c）所示。

✧ **重叠式坐姿**：上身坐直，双腿上下交叠得无任何空隙，小腿与上身平行并斜放于一侧，与地面成 45°，双手虎口相交放于大腿上，如图 4-3（d）所示。

（a）正位式坐姿

（b）侧点式坐姿

（c）交叉式坐姿

（d）重叠式坐姿

图 4-3 女士坐姿

3. 走姿礼仪

走姿是站姿的延续动作。男士在行走时，步伐要矫健有力，展现阳刚之美。女士在行走时，应步伐自如，轻柔而富有美感。走姿的要领如下：

✧ **上身挺直**：头部端正，双目平视，下颚内收，表情平和，双肩平稳，胸挺腹收。

✧ **迈步正确**：脚尖朝正前方伸出，脚跟先着地，脚掌后着地，身体重心前倾。

✧ **步幅适中**：跨步均匀，男士的步幅为 40 cm 左右，女士的步幅为 30 cm 左右。

✧ **摆幅恰当**：双臂自然摆动，摆幅一般为 30～40 cm，摆动节奏适当。

✧ **路线平直**：男士两脚行走的路线为两条平行线，女士两脚行走的路线应尽可能为一条直线。

此外，在行走时还应注意以下事项：① 不可低头或仰头行走，也不可摇头晃肩或左顾右盼；② 双脚不可呈内八字或外八字；③ 行走速度不可过快，以免显得急躁、慌张，但也不可过慢，以免显得毫无活力；④ 不可拖沓前行，使脚与地面摩擦或碰撞而发出噪声；⑤ 应注意方便与照顾他人，切勿与他人抢道或撞到他人。

4. 表情礼仪

表情是指人的面部神态，它是一种无声的语言，能够传递人们内心的思想和情感，在谈判中起着重要作用。

（1）目光

目光是面部表情的核心，正确地运用目光能够体现出良好的修养。谈判人员用目光注视他人时，宜平视或仰视对方，以示平等或尊重。

谈判中，谈判人员一般应注视对方的额头和眼睛之间的区域，这种注视会让谈判人员显得严肃、认真。此外，需注意的是，不能将目光长时间地集中在对方的脸上或身体的某一部位，特别是初次见面或异性之间，长时间直视对方是一种失礼行为。

（2）笑容

笑容能够传递快乐与友好，是人际交往中的一种润滑剂，可以有效打破谈判僵局，缩短彼此间的心理距离，为深入沟通与交往创造良好气氛。在商务谈判中，谈判人员的笑容应该自然、大方、优雅且发自内心，忌假笑、冷笑、怪笑、媚笑、窃笑等。

5. 手势礼仪

手势是最具表现力的一种肢体语言。在商务谈判中，手势若做得适度，会给人以优雅、含蓄、彬彬有礼之感。

（1）手势的原则

商务谈判人员在运用手势时应遵循以下原则：① 手势应简约明快，不可复杂、繁多，以免喧宾夺主；② 手势应文雅自然，其力度大小、速度快慢和时间长短都应恰到好处；③ 手势应与身体、语言、情感协调一致。

（2）常用的手势

在商务谈判场合，谈判人员常会使用手势来引领他人或递接物品。

为他人指示方向、请他人进门、请他人坐下等情况，都需要用到引领手势。引领手势的要点如下：掌心向上，四指并拢，拇指张开，上体稍前倾，面带微笑，在注视目标方向的同时兼顾对方是否会意，以肘关节为轴指示方向。各种常用的引领手势如图 4-4 所示。

请坐　请往前走　请进　里边请　大家请

图 4-4　引领手势

一般而言，递接物品时，应起身站立，用双手递送或接取物品，同时上身略向前倾。若不方便双手并用，则可用右手递接，切忌单用左手递接；若递接双方距离过远，则应主动走近对方，双手递接。需要注意的是，递送带尖、带刃或其他易伤人的物品时，应将尖、刃指向自己，即“授人以柄”。

（3）忌讳的手势

切忌用大拇指指自己的鼻尖，不要用手或物件指着他人。另外，手势幅度不宜过大，还应避免某些令人反感的手势。例如，切忌在谈判中乱拍桌子，这是非常不礼貌的行为。

拓展阅读 TUOZHAN YUEDU

手势的含义

不同的国家或地区，有着不同的手势习惯。在商务谈判中，了解各种手势的含义并正确使用手势会减少不必要的误会。

跷起大拇指。一般都表示顺利或夸奖别人。但也有例外，在美国和欧洲部分地区表示要搭车，在德国表示数字“1”，在日本表示“5”，在澳大利亚则表示骂人。与别人谈话时将拇指跷起来反向指向第三者，即以拇指指腹的反面指向除交谈对象外的另一人，是对第三者的嘲讽。

“OK”手势。美国人在表示满意、赞赏时喜欢用“OK”的手势，但在法国则意味“零”或“无”，而在日本可以用来表示钱。可是在南美，尤其是巴西，如果做此手势，女性会认为受到了冒犯，而男性则认为你在侮辱他，会马上做出戒备的姿态。

“V”手势。手掌向外的“V”手势，代表胜利；而手掌向内的“V”手势，在欧洲大多数国家表示让人“走开”。尤其要注意，在英国，“V”手势就变成侮辱人的意思，带有骂人的含义。在非洲国家，“V”手势一般表示两件事或两个东西。

资料来源：https://doc.mbalib.com/view/147e7f52fc9d6d4f4d62c1fa2fea7681.html

任务 4.3　掌握商务谈判的社交礼仪

社交是商务谈判中必不可少的环节，恰当地运用社交礼仪会使谈判人员表现得体，获得更多的机会和资源，营造融洽的谈判气氛，从而提高谈判目标实现的可能性。商务谈判中的社交礼仪主要包括称呼与问候礼仪、介绍礼仪、握手礼仪、名片礼仪、迎送礼仪、座次礼仪、礼品馈赠和受赠礼仪等。

4.3.1　称呼与问候礼仪

在商务谈判中，第一件事就是称呼问候对方。称呼与问候礼仪是指在称呼问候他人时应遵循的礼仪规范，是人际交往中不可或缺的礼仪因素。

1. 称呼

在商务谈判中，一般对男性称“先生”，对女性称“女士”，这些称呼均可以冠以姓名等，如“李华女士”“王先生”等。同时，还可以对方的职务、职称相称，如“李科长”“王教授”“郑乐云主任”等。

谈判小贴士

称呼顺序的基本原则是“先长后幼，先上后下，先疏后亲，先外后内”。

2. 寒暄

寒暄是双向的感情交流，是谈判双方建立联系、进行顺利协商的开端。寒暄的基本要求是礼貌友好，积极主动，注意场合，讲求方式，表达出愿与对方交往的意愿。

寒暄的主要方式有以下几种：

- **问候式寒暄：** 根据不同的环境、场合、对象，谈判双方进行不同的问候。在寒暄时，适当使用问候语既表示尊重，又显示亲切，也充分表现出说话者良好的风度和教养。例如，初次见面说“您好，很高兴认识您！”“幸会”“久仰”等。
- **赞扬式寒暄：** 谈判人员可以适当夸赞对方的精神状态、衣着和发式等。例如，在商务谈判场合夸赞女士的服饰可以说：“你这件衣服真不错，穿上很显气质。”
- **言他式寒暄：** 谈判人员彼此陌生难以找到话题时，可以通过谈论天气、交通等话题来打破尴尬的局面，如“今天的天气真不错”。

寒暄切忌心不在焉，一心二用。要注意谈话的话题，避免引出具有争议的话题；同时还要注意对象的性别，谈话的空间及保持适当的距离。

4.3.2 介绍礼仪

介绍是指向交谈的对象说明自己或他人的情况，使原本不认识的人相互认识。介绍可分为自我介绍和介绍他人。

1. 自我介绍礼仪

在谈判双方互不相识，又没有中间人代为介绍时，可采用自我介绍的方式。在自我介绍时要说明自己的姓名、身份、单位等，并表达出愿意和对方结识的意愿。介绍自己时要不卑不亢、面带微笑，陈述要简洁、清楚。

2. 介绍他人礼仪

介绍他人就是指中间人为不相识的双方引见，使他们彼此认识，建立联系。在介绍时，应先向己方人员介绍来宾，再向对方介绍己方人员。介绍他人时，介绍人应态度友好、仪态文雅，如图 4-5 所示。此处，还应遵循以下规则：先将晚辈介绍给长辈；先将职务、身份较低的介绍给较高的；先将男性介绍给女性；先将个人介绍给团体。需要注意的是，介绍双方认识时，应避免刻意强调一方，否则会引起另一方的不满。

图 4-5　介绍他人

4.3.3 握手礼仪

握手作为一种简单的见面礼仪，是商务谈判中的重要礼节。它可以传达理解、信任、尊敬、祝贺、鼓励、感谢、致歉、惜别等感情。在商务谈判中，握手时要注意伸手顺序、握手的时间和力度及握手的姿态。

1. 伸手顺序

握手时，讲究伸手的先后顺序。一般而言，在商务谈判场合应遵循以下规则：女士、年长者及位高者先伸手；见面时主人先伸手，离开时则相反；先到者与后到者握手时，应由先到者先伸出手。

2. 握手的时间和力度

握手的时间并没有明确规定，但通常以 3～5 秒为宜，不可过短或过长。若时间过短，则表明双方没有进一步加深交往的意向，时间过长则会让人尴尬、不愉快。握手的力度应当适中，令对方感到坚定、有力即可，不可过小或过大。若力度过小，则会让对方感觉自己被敷衍；力度过大，则会显得粗鲁。

3. 握手的姿势

握手的标准姿势如下：距离对方约一步（75 cm 左右），双脚立正，上身略微前倾，向对方伸出右手，四指并拢、拇指张开，与对方的手相握，如图 4-6 所示。为了表示真诚和热烈，可以握住对方的手上下轻摇几下。

在握手时还要注意以下几点：切忌用左手与他人握手，与信奉伊斯兰教和印度教的人用左手握手有侮辱对方的意思；握手时应摘下手套、墨镜或帽子；不可交叉握手，即当两人握手时，第三者不得将胳膊从二者的胳膊上方伸过去与其他人握手；握手时要注视对方，保持笑容，使人感到亲切和善；男士与女士握手时，轻握其手指即可，如图 4-7 所示。

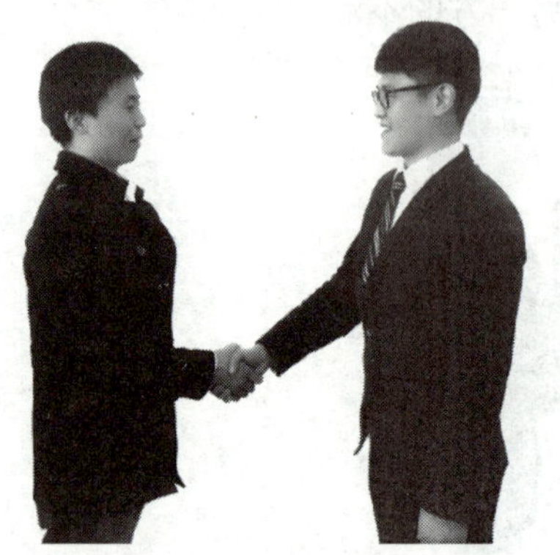

图 4-6　握手姿势

图 4-7　男士与女士握手

谈判典例

某厂长到中国进出口商品交易会考察，恰巧碰到本厂销售部经理和印尼客户在热烈地洽谈合同。见厂长来了，销售部经理忙向客户介绍，厂长因右手拿着公文包，便伸出左手握住对方的手。谁知刚才还笑容满面的客户忽然笑容全无，并且就座后也失去了先前讨价还价的热情，不一会儿便声称有其他事情，匆匆离开了展位。

4.3.4 名片礼仪

在经过介绍和握手后，若想建立长期交往，交换名片必不可少。名片上一般印有公司名称、职位、联系电话、地址等，其递送、接受及存放都有一定要求。

1. 递送名片

名片礼仪

递送名片要选择适宜的时机，不宜过早或过迟。递送名片的顺序一般是：客先主后、身份低者先身份高者后。与多人交换名片时，切勿跳跃式进行，应依照职位高低的顺序，或座次顺序依次递交名片。递送名片时，应用双手拇指和食指执名片两角，让文字正面朝向对方，双手递上，眼睛应注视对方，面带微笑，如图 4-8 所示。

2. 接受名片

接受名片时应起身，面带微笑注视对方并双手接过，如图 4-9 所示。接过名片后不要马上收起来，而要认真阅读几秒，可将对方的姓名、职位念出来，并抬头看看对方的脸，令对方感觉到受尊重。在接受别人的名片后可以说一些客气话语，如“很高兴认识您”等。如果接下来与对方谈话，应该把名片放在桌子上，在离开时注意不要将名片遗忘。

图 4-8　递送名片的姿势

图 4-9　接受名片的姿势

3. 回递名片

在商务谈判活动中，接受了他人的名片后，应当立即向对方回递一张自己的名片，否则会让对方误认为无意与其结交。若忘带名片或名片已用完，应向对方做出解释并致歉。

4. 存放名片

接过别人的名片后不可随意摆弄或扔在桌子上，不可拿在手中把玩、涂改乱折，也不要随便塞在口袋里或丢在包里，此类不尊重人的表现会引起他人反感。而是应将名片放在西装左胸的内衣袋或名片夹里，以示尊重。

谈判典例

某公司新建的办公大楼需要添置一系列的办公用具，价值数百万元。公司的总经理决定向 A 公司购买这批办公用具。这天，A 公司的销售部负责人打来电话，要上门拜访。总经理打算，等对方来了，就在订单上签字，定下这笔生意。

不料对方比预定的时间提前了 2 个小时，原来对方听说这家公司的员工宿舍也要在近期内落成，希望员工宿舍需要的家具也能向 A 公司购买。为了谈这件事，销售部负责人还带来了详细的资料。总经理没料到对方会提前到访，刚好手边又有事，便请秘书让对方等一会儿。这位销售部经理等了不到半小时，就开始不耐烦了，一边收拾资料一边说：“我还是改天再来拜访吧。”

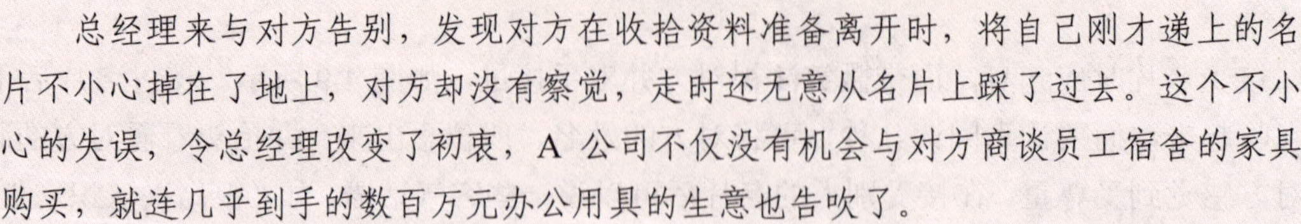

总经理来与对方告别，发现对方在收拾资料准备离开时，将自己刚才递上的名片不小心掉在了地上，对方却没有察觉，走时还无意从名片上踩了过去。这个不小心的失误，令总经理改变了初衷，A 公司不仅没有机会与对方商谈员工宿舍的家具购买，就连几乎到手的数百万元办公用具的生意也告吹了。

4.3.5 迎送礼仪

商务谈判中的迎送礼仪包含两方面：一方面是在应邀前来参加商务谈判的人士抵达时，安排相应身份的人员前去迎接；另一方面是在谈判结束后，安排专人送行。

1. 确定迎送规格

迎送规格通常是依据来访的谈判人员的身份和目的，与来访谈判人员之间的关系及惯例等因素来确定的。一般来说，主要迎送人员要与来者身份地位相当。如果迎送人员因故不能出面，可适当变通，由职位相当的人士或副职出面。在这种情况下，出于礼貌应向对方做出解释。

2. 掌握抵达和离开的时间

接待人员应当准确掌握对方所乘交通工具的航班号、车次及抵达时间，提前到达机场、码头或车站等候，避免迟到。同样，送行人员亦应事先了解对方离开的准确时间，提前到达来宾住宿的宾馆，陪同来宾一同前往机场、码头或车站，亦可直接前往机场、码头或车站恭候来宾，与来宾道别。在来宾离开之前，送行人员应按一定顺序同来宾一一握手话别。飞机起飞、轮船或火车开动之后，送行人员应向来宾挥手致意，直至飞机、轮船或火车在视野里消失，送行人员方可离去。

3. 做好接待准备工作

确定来宾抵达日期后，应首先考虑其住宿安排问题。根据来宾的人数和生活习惯等情况预先安排好食宿，为其预订宾馆房间，最好是等级较高、条件较好的宾馆。对于远道而来的谈判人员，还需要事先考虑其交通问题，必要时为其提供交通工具。来宾到达后，通常只需要稍加寒暄，即陪来宾前往宾馆，在行车途中或在宾馆简单介绍一下情况，征询一下对方意见，即可告辞。

谈判典例

泰国某政府机构为泰国一项庞大的建筑工程向美国工程公司招标。经过筛选，最后剩下 4 家候选公司。泰国派遣代表团到美国去各家公司商谈。

代表团到达芝加哥时，位于芝加哥的工程公司由于忙乱中出了差错，又没有仔细复核飞机到达时间，未去机场迎接泰国代表团。泰国代表团虽初来乍到不熟悉芝加哥，还是自己找到了芝加哥商业中心的一家旅馆。他们打电话给这家公司的经理，在听了他的道歉后，同意第二天上午 11 时在经理办公室会面。

第二天，美国公司的经理按时到达办公室等候，直到下午三四点才接到客人的电话说："我们一直在旅馆等候，始终没有人前来接我们。我们对这样的接待实在不习惯。我们已订了下午的机票飞赴下一目的地，再见吧！"

4.3.6 座次礼仪

在商务谈判中，座次能够体现出双方的主客关系，还能够反映出双方谈判人员在谈判团队中的角色和承担的任务。双方在进行谈判时，多采用长方形或椭圆形谈判桌。谈判桌座次的排列可以分为两种：一种是横桌式座次排列，另一种是竖桌式座次排列。

1. 横桌式座次排列

横桌式座次排列是指谈判桌在谈判室内横放，宾主相对而坐。其中，客方人员面向门就座，主方人员背门而坐。座次排列的基本要求是以右为尊。谈判双方主谈人居中就座，双方的其他人士则按照职务高低就座。主谈人右边第一人为最重要位置，其次是左手第一人、右手第二人、左手第二人，以此类推，如图 4-10 所示。此外，在涉外谈判中，双方的翻译人员就座仅次于主谈人的右侧。

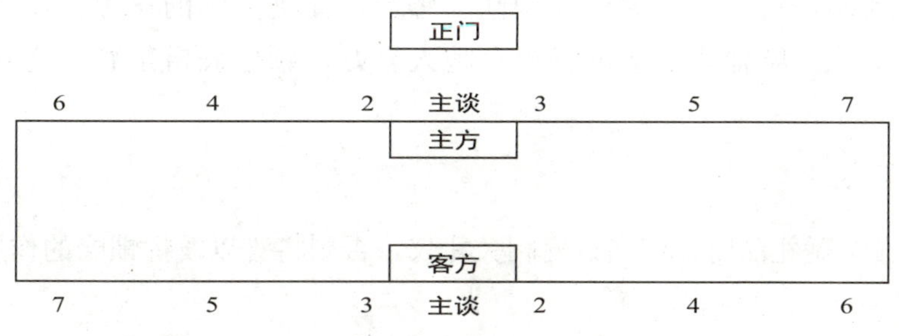

图 4-10　横桌式座次排列

2. 竖桌式座次排列

竖桌式座次排列是指谈判桌在谈判室内竖放，以正门为参照，客方人员在谈判桌的右边就座，主方人员在左边就座。在其他方面，则与横桌式座次排列的原则一致，其座次安排如图 4-11 所示。

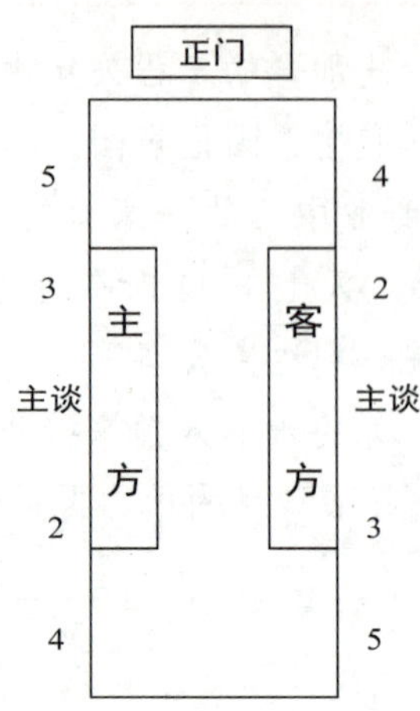

图 4-11　竖桌式座次排列

谈判小贴士

座次排序基本规则：以右为上（遵循国际惯例）、居中为上（中央高于两侧）、以远为上（远离房门为上）。

4.3.7 礼品馈赠和受赠礼仪

礼品馈赠是商务活动的重要组成部分。人们寄情于物，通过馈赠礼物来表达尊重、敬佩、感谢等情感，得体的馈赠能起到联络感情、促进交际的作用。需要注意的是，向他人馈赠礼品或受赠他人礼品应当尊重他人喜好，顾忌民俗禁忌，遵守一定的惯例或规范。

1. 馈赠礼仪

谈判人员在馈赠礼品时，应当讲究相关礼仪，否则将难以发挥馈赠的作用，甚至可能适得其反。

（1）礼品的选择

选择礼品时，一般要注意以下几个方面：

- ✧ 价值适宜。一般而言，所选礼品的物质价值不可过低，也不可过高。若过低，则无法较好地表现情谊或发挥馈赠的作用；若过高，则会使受赠者有受贿之感。
- ✧ 注重效用。礼品本身具有实用价值，经济状况或文化程度不同的人，对于礼品实用性的偏好有所不同。因而，谈判人员应根据受赠者的实际情况选择不同效用的礼品。

✧ 投好避讳。由于生活经历、生活习惯、性格及爱好等的不同，不同的人对同一礼品可能表现出不同的态度。因而，谈判人员选择礼品时一定要投其所好、避其禁忌，以免引起受赠者的不快或误解。

（2）礼品的馈赠

在赠送礼品时，要把握好以下两方面：

✧ 送礼时机的选择。选择赠送礼品的时间要兼顾两点：一是具体时机。通常赠送礼品的最佳时机是节假日、节庆日等。二是具体赠礼时间。一般而言，当作为客人拜访他人时，最好在双方见面之初向对方送上礼品，即所谓的“见面礼”；当作为主人接待对方谈判人员时，则应该在谈判人员离去的前夜或者告别宴会上把礼品赠予对方，尽量避免谈判时赠送礼品。

✧ 赠送的方式。赠送礼品最好当着受赠者的面进行，以便向其传达自己选择礼品时独具匠心的考虑，并观察受赠者对礼品的感受或态度。赠送时注意不要漏掉任何人。

拓展阅读 TUOZHAN YUEDU

一些国家的送礼禁忌

日本人对狐、獾图案的东西比较反感，因为他们认为狐狸是贪婪的象征，獾则代表狡诈。

德国送礼讲究包装，送礼时要注意礼品是否适当、包装是否精美。礼品切勿用白色、黑色或棕色的包装纸或丝带包扎。此外，德国人不爱尖锐物品，视其为不祥之兆。

英国人送礼一般都是花费不多的东西，如高级巧克力、名酒和鲜花等，但对标有公司标记的礼品，英国人普遍不欣赏。

美国人喜爱奇特之物，对礼品主要讲究实用性和奇特性。此外，美国人收到礼品后，一定要马上打开，当着送礼人的面欣赏或品尝礼品，并立即向送礼者道谢。同时，要注意包装礼品时不要用黑色的纸。

俄罗斯人忌讳别人送钱，认为送钱是一种对人格的侮辱。但他们很喜欢外国货，外国的糖果、烟、酒、服饰都是很好的礼品。另外，给俄罗斯人送鲜花要送单数。

阿拉伯人钟情精美华丽的礼物，忌讳动物图案，特别是猪、狗等图案的物品，以及含有酒精的饮料、绘有妇女形象的工艺品。

资料来源：https://doc.mbalib.com/view/b68c4904364f13c2b3b3a9a51bac193f.html

2. 受赠礼仪

当他人赠送礼品时，作为受赠人的谈判人员应当根据具体情况礼貌地接受或者拒绝。

（1）接受礼品

首先，要真诚地表示感谢，不管礼品的轻重贵贱，都要诚挚地表达谢意。其次，要让对方感受到你的愉快，不管你喜欢与否，满意与否，都应该露出高兴的神情，因为这是对对方的尊重。

（2）拒收礼品

一般情况下，不宜拒收他人的礼品。如果不能接受礼品，要礼貌委婉地向赠送人解释不能接受的原因（如公司规定等）。若在事后拆封时才发现礼品过于贵重，则可以尽快将礼品退还给赠礼者。退还时，要向赠送者说明退回礼品的理由，同时表达对赠送人的谢意。

实战演练

场景模拟：合理运用礼仪

任务概述

南京晖普公司想要与北京华阳公司商议代理业务。为此，晖普公司委派以营销总监为首的 4 人谈判团队前往目的地谈判。北京华阳公司委派公司分管销售业务的副总经理全权负责此次谈判活动。

请同学们以小组为单位，分角色扮演晖普公司和华阳公司的人员，模拟两公司的谈判场景，熟悉商务谈判礼仪的运用。

任务分组

全班学生自由分组，每组 7～9 人，各组选出组长并进行任务分工，将小组成员及分工情况填入表 4-1 中。

表 4-1　小组成员及分工情况

<table>
<tr><td>班级</td><td></td><td>组号</td><td></td><td>指导教师</td><td></td></tr>
<tr><td>小组成员</td><td>姓名</td><td>学号</td><td colspan="3">任务分工</td></tr>
<tr><td>组长</td><td></td><td></td><td colspan="3"></td></tr>
<tr><td rowspan="8">组员</td><td></td><td></td><td colspan="3"></td></tr>
<tr><td></td><td></td><td colspan="3"></td></tr>
<tr><td></td><td></td><td colspan="3"></td></tr>
<tr><td></td><td></td><td colspan="3"></td></tr>
<tr><td></td><td></td><td colspan="3"></td></tr>
<tr><td></td><td></td><td colspan="3"></td></tr>
<tr><td></td><td></td><td colspan="3"></td></tr>
<tr><td></td><td></td><td colspan="3"></td></tr>
</table>

任务准备

回顾商务谈判礼仪的基本知识，熟悉仪容修饰、服饰搭配及商务谈判社交礼仪的要点，并为此次模拟准备所需物品（见表 4-2）。

表 4-2　所需物品清单

序号	名称	数量	备注

任务实施

按照小组分工情况开展模拟活动，并将具体的实施情况记录在表 4-3 中。

表 4-3　实施情况记录表

时间安排	实施步骤
	1. 个人形象塑造（仪容修饰、服饰搭配） （1）同学间相互交流或观看淡妆相关视频，学习化妆技巧并进行练习 （2）观看服饰搭配相关视频，并为此次模拟活动搭配合适的服饰

（续表）

时间安排	实施步骤
	2．模拟接机场景 （1）称呼（注意对上级、女士的称呼） （2）介绍（注意介绍的顺序、方式） （3）握手（注意握手的顺序、时间、禁忌） （4）交换名片（注意名片的递接、保存） （5）视频记录模拟的过程
	3．模拟入座及送别场景 （1）模拟谈判中各方人员的入座场景，注意座次排序的原则 （2）模拟送别场景 （3）视频记录模拟的过程
	4．组内讨论实践活动的收获与不足
	5．活动总结 （1）各组分享模拟视频，并派代表在全班同学面前做总结陈述 （2）全班讨论，交流想法

评价反馈

各组配合指导老师完成如表4-4所示的考核评价表。

表4-4 考核评价表

项目名称	评价内容	分值	评价分数		
			自评	互评	师评
成果评价（30%）	视频剪辑镜头连贯、内容详尽	10			
	角色分工明确，职责清晰	10			
	陈述口齿清晰、仪态大方	10			
技能评价（50%）	能够进行合理搭配，着装得体	15			
	掌握面部修饰的技巧，妆容淡雅；保持细部洁净、面部整洁	15			
	能够根据商务谈判礼仪的规范和要求，进行称呼、介绍、握手、交换名片等活动	20			
素养评价（20%）	具备良好的沟通能力及现场应变能力	10			
	按时完成实践任务	10			
合计		100			
总评	自评（20%）+互评（20%）+师评（60%）=	教师（签名）：			

项目 5

商务谈判——准备

项目导读

凡事预则立，不预则废。一场商务谈判的成功与否，不仅取决于高素质、经验丰富的谈判人员在谈判桌上的唇枪舌剑、讨价还价，还有赖于谈判前充分、完善的准备工作。充分的准备工作能够使谈判人员从容应对谈判过程中出现的各种问题，掌握谈判的主动权，从而为谈判成功奠定基础。

学习目标

知识目标

- ✧ 了解商务谈判团队的人员构成及素质要求
- ✧ 熟悉商务谈判背景调查的内容
- ✧ 熟悉商务谈判方案所包含的内容
- ✧ 了解模拟谈判的主要方式

技能目标

- ✧ 掌握商务谈判背景调查的渠道和方法，能够根据所学知识进行商务谈判背景调查
- ✧ 掌握制订商务谈判方案的方法，能够根据所学知识制订合适的商务谈判方案
- ✧ 能够有效开展模拟谈判

素质目标

- ✧ 知行合一，提升将理论与实践相结合的能力
- ✧ 树立终身学习的观念，养成勤于思考的好习惯

谈判现场

胸有成竹的工程师

我国某冶金公司要向一家机械设备厂购买一批先进的合金熔炼炉，于是派遣了一名工程师带领团队与该厂进行谈判。为了取得谈判的成功，这位工程师查找了大量有关合金熔炼炉的资料，花费了大量精力对市场上合金熔炼炉的行情及这家机械设备厂的经营情况等进行了深入的了解。

当双方针对购买合金熔炼炉进行谈判时，该厂代表报价每台 15 万元，经过讨价还价，价格被压到每台 12 万元，但工程师仍然不同意，坚持出价每台 9 万元。该厂代表表示不愿再继续谈下去了，把合同往工程师面前一扔，说："我们已经做了这么大的让步，贵公司仍不能合作，看来你们没有什么合作的诚意。这笔生意就算了吧，我们回去了。"工程师闻言轻轻一笑，把手一伸，做了一个优雅的"请"的动作。

该厂代表真的走了，冶金公司谈判团队的其他人有些着急。工程师说："放心吧，他们会回来的。同样的设备，去年他们卖给另一家公司只有每台9万元，而市场上这种设备的价格一般为每台 10 万元。而且，我们的订购数量并不是小数目。"果然，一个星期后，该厂又回来继续谈判了。

工程师向该厂代表点明了他们与另一家公司的成交价格，该厂代表们愣住了，他们没有想到眼前这位工程师如此精明，于是不敢再虚报价格，只得说："现在物价大幅上涨，不能与去年相比了。"工程师回应道："每年物价上涨指数没有超过 6%。一年时间，你们算算，该涨多少？"该厂代表被问得哑口无言，在事实面前不得不让步。最终，双方以每台 9.5 万元达成了这笔交易。

思考

冶金公司能够在此次谈判中取得成功的最大原因是什么？

谈判课堂

任务 5.1 组建商务谈判团队

商务谈判活动是由谈判双方选配的谈判团队来完成的，谈判团队素质的高低直接影响着谈判的结果。要组建一支完备的商务谈判团队，首先应了解谈判人员的素质要求和谈判团队的构成原则。

5.1.1 谈判人员的素质要求

谈判人员的素质直接关系到谈判的成败。在商务活动中，优秀的商务谈判人员至少应具备以下几项基本素质。

1. 合理的知识结构

商务谈判是谈判各方利益关系协调磋商的过程。在此过程中，谈判人员一方面要掌握商业贸易、市场营销、企业管理等一些必备的专业知识；另一方面还应了解诸如政治、经济、科技发展、法律、心理学等多方面的信息和知识，并将其与专业知识统一起来。这也就意味着谈判人员不仅要在纵向方面有较深的专业知识，而且要在横向方面有广博的知识面。这样就构成了一个“T”字形的知识结构。

2. 杰出的能力

一名成熟的谈判人员必须具备以下几方面的能力。

（1）洞察力

在商务谈判中，谈判人员需要接触各种不同的人，对方的言谈举止往往反映其思想和隐蔽的需求。谈判人员必须具备敏锐的洞察力，要善于观察对方细微的动作，悉心倾听对方的各种意见，弄清对方的真正意图，这是确定正确谈判策略的关键。

（2）应变能力

在商务谈判过程中，常常会出现各种矛盾及意想不到的情况与变化。因此，谈判人员必须具备灵活的应变能力，能够对谈判中的情况变化迅速做出判断，及时调整对策，合理运用各种谈判策略与技巧，掌握谈判的进度，确保谈判顺利进行。

（3）沟通表达能力

谈判是一个信息交流的过程，也是一个试图说服、达成共识的过程。因此，谈判人员必须具备较强的沟通能力，要能够客观公正、有理有节地阐明己方的立场和观点，并用真诚打动对方，通过有效的说服促使对方接受己方观点。

在此过程中，谈判人员要注意谈判语言的使用，做到准确、适当、有理有据，不任意发挥，以免出现破绽；要注意口音的标准化，尽量采用对方能听懂、能理解的语言，避免使用易生歧义的词汇；表达要生动形象，有感染力和说服力。

（4）团队合作能力

由于绝大多数商务谈判都以团队形式开展，所以谈判人员都是作为谈判团队中的一员而非个人来进行谈判工作的。因此，一名优秀的谈判人员即使个人能力再强，也必须具有大局意识和团队精神，善于听取团队中他人的意见，善于与他人合作，从而有效推进谈判进程。

（5）社交能力

商务谈判本身就是一项比较复杂的活动，不仅仅会发生在谈判现场，还有可能与其他各种社交场合有所联系。在这些场合中，有着形形色色的人，每个人的喜好、气质、学识、修养、习惯都不同，谈判人员必须具备和不同的人打交道及应对不同社交场合的能力。

3. 良好的心理素质

在谈判过程中，紧张激烈的辩论往往不可避免，僵持的情况也时有发生，谈判人员可能需要承受很大的压力。这就要求谈判人员具备良好的心理素质，能够在激烈的辩论中与对手周旋，在随时变化的局势中驾驭自己的情绪，控制自己的行为。

4. 规范的礼仪礼节

在商务谈判中，礼仪礼节作为交际规范，是谈判人员必备的基本素养。在谈判桌上，一位谈判人员彬彬有礼，举止优雅，往往能够给人带来赏心悦目的感觉，为谈判营造一种和平友好的气氛。反之，谈判人员对礼节的无知和疏忽，可能会使谈判破裂，产生恶劣的影响。

5.1.2 谈判团队的构成

商务谈判的成或败，人是关键要素。一支知识全面、素质过硬、配合默契的谈判队伍（见图 5-1）是谈判取得成功的重要条件。

图 5-1 谈判团队

1. 谈判团队的构成原则

（1）知识互补

知识互补主要包括两个方面：一是谈判人员在知识结构方面相互补充，形成整体的优势。例如，分别精通商业、外贸、金融、法律、专业技术等知识的几位谈判人员，就能够组成一支知识全面而又各自精通一门专业知识的谈判队伍。二是谈判人员理论知识与工作经验的互补。谈判队伍中既要有理论水平高深的学者专家，也要有实践经验丰富且具备专业技术特长的资深人士，将两者的知识与经验相结合，才能真正提高整个谈判队伍的战斗力。

（2）性格协调

不同性格的人，有着不同的处事方式。例如，性格活泼开朗的人善于表达、反应敏捷、处事果断，但是性情可能比较急躁，看待问题也可能不够深刻，甚至会疏忽大意；性格稳重沉静的人办事认真细致，说话比较谨慎，原则性较强，看问题比较深刻，善于观察和思考，但是他们可能不够热情，处理问题不够果断，灵活性较差。如果这两类性格的人组合在一起，分别担任不同的谈判角色，就可以发挥出各自的性格特长，优势互补、协调合作。

2. 谈判团队的人员配备

通常情况下，谈判团队的人数在一人以上。由多人组成的谈判团队，可以满足谈判多学科、多专业的知识需要，发挥综合的整体优势。一般来说，谈判团队人员主要包括以下几类。

- ✧ **谈判团队领导人：**通常具有一定的身份和地位，负责整个谈判工作，领导谈判团队，有领导权和决策权。有时谈判团队领导人也是主谈人。
- ✧ **商务人员：**通常由熟悉商业贸易、市场行情、价格形势的贸易专家担任，主要负责标的物的价格谈判。
- ✧ **技术人员：**通常由熟悉生产技术、产品标准和科技发展动态的工程师担任，在谈判中负责有关生产技术、产品性能、质量标准、产品验收、技术服务等问题的谈判，也可为商务谈判中的价格决策做技术顾问。

✧ 财务人员：通常由熟悉财务会计业务和金融知识，具有较强财务核算能力的财会人员担任。其主要职责是对谈判中的价格核算、支付条件、支付方式、结算货币等与财务相关的问题把关。

✧ 法律人员：通常由精通经济贸易相关法律条款及法律执行事宜的专职律师、法律顾问或本企业熟悉法律的人员担任。其职责是做好合同条款的合法性、完整性、严谨性的把关工作，也负责涉及法律的谈判。

除以上几类人员之外，还可配备一些其他辅助人员，如翻译人员、谈判记录人员等，但是人员配备要从业务要求来考虑，数量要适当，要与谈判规模、谈判内容相适应，尽量避免不必要的人员设置。

谈判问答

在部分商务谈判中，谈判团队会配备翻译人员。你认为在谈判队伍中设置专业的翻译人员有什么优势和弊端？

任务 5.2　进行商务谈判背景调查

在当今社会中，信息是商务活动的先行条件，也是影响商务谈判成败的一个重要因素。在实际谈判前，进行相关的背景调查，搜集和掌握有效的信息，有利于对谈判进行周密的筹划。

5.2.1　背景调查的内容

商务谈判背景调查的内容既包括对贸易环境、谈判对手、交易条件的调查，也包括对己方情况的了解。

1. 对贸易环境的调查

（1）政治法律环境

政治环境是指企业经营活动的外部政治形势。一个国家的政局稳定与否，会给企业的经营带来重大的影响。如果政局稳定，人民安居乐业，就能够给企业发展带来良好的环境，促进谈判活动的进行。法律环境是指国家或地方政府所颁布的各项法规、法令和条例等。它是商务活动的准则，企业只有依法进行包括谈判在内的各种商务活动，才能够受到国家法律的有效保护。

需要注意的是，政治法律环境的变化往往是突变的，企业必须密切注意国家相关政策及法律法规的变化，及时了解其造成的影响。

谈判典例

某工程公司在加蓬承包了一项工程。当工程的主体建筑完工后，由于不再需要大量的劳动力，该公司便将从当地雇用的大批临时工解雇。谁知此举导致了被解雇工人持续 40 天的示威活动，大大影响了工地的正常工作。

该公司不得不同当地工人进行谈判，被解雇的工人代表提出让该公司按照当地的法律赔偿被解雇工人一大笔损失费，此时该公司的管理人员才意识到他们对加蓬法律不了解。

根据加蓬的劳动法，一个临时工如果持续工作一周以上而未被解雇则自动转成长期工。作为一个长期工，其有权获得足够维持家庭生活的工资，以及交通费、失业补贴等费用。而该公司的管理人员之前却是按照自己对临时工和长期工的理解来处理加蓬的情况，结果为自己招来了如此大的麻烦。谈判结果可想而知，该公司不得不向被解雇的工人支付了一大笔失业补贴。

（2）社会文化环境

社会文化环境主要体现在社会习俗方面，其内容繁多，包括符合当地礼仪规范的衣着、饮食、称呼；工作与休息的关系；对荣誉、名誉的不同理解；送礼的方式，礼品的内容；时间观念；朋友的标准；基本的价值观；等等。此外，社会文化环境还体现在宗教信仰方面，了解谈判对手的宗教信仰并予以尊重也有利于谈判的顺利进行。

（3）经济技术环境

经济环境主要指目标市场所在国家或地区的经济制度、经济现状和经济发展趋势等。谈判前，谈判人员需要详细了解目标市场所在国家或地区人们的经济收入水平、消费结构、消费偏好，以及己方产品的市场行情等。

而在技术环境方面，谈判人员要着重搜集以下信息。

✧ 交易商品和相关竞争商品的技术资料。
✧ 交易商品和相关竞争商品的品质检验和鉴定方法的资料。
✧ 交易商品和相关竞争商品的生产企业的技术力量、员工素质和设备状况。
✧ 交易商品和相关竞争商品的专利申请和技术转让方面的资料。
✧ 最新技术发展和研究成果资料。

（4）市场环境

市场构成复杂、瞬息万变、竞争激烈。市场状况对企业的商务谈判活动具有重大影响，谈判人员必须密切关注市场的变化，及时进行多角度、全方位的了解和研究，从而选择有利的市场。而与谈判有关的市场信息资料主要有以下几个方面。

- ✧ 交易商品的市场需求量、供给量及发展前景。
- ✧ 交易商品的流通渠道和销售渠道。
- ✧ 交易商品市场分布的地理位置和运输条件等。
- ✧ 交易商品的交易价格、优惠措施等。

（5）商业习惯

商业习惯不同会使谈判人员在语言使用、报价、谈判方式等方面存在极大的差异。如果不切实了解对方谈判人员的商业习惯，可能会误入陷阱，或使谈判破裂。例如，部分商人常常在口头谈妥合同的重要条件后又要求更改，与此类商人谈成的协议必须以书面形式互相确认。

2. 对谈判对手的背景调查

谈判对手的情况复杂多样，应注意审核与分析对方所代表企业的资质、资信，对方谈判人员的权限、谈判目标，以及谈判时限等。

（1）资质的审核

对资质的审核主要是对对方所代表企业法人资格的审查，可以要求对方提供有关证件，包括法人成立地注册登记证明、法人所属资格证明、营业执照等，从而详细掌握对方所代表企业的名称、法定地址、成立时间、注册资本、经营范围等。

其中，要注意了解对方所代表企业的组织形式和权限等。如果是子公司，应要求其出示母公司准予其以母公司名义洽谈业务，并承担子公司一切风险的授权书；如果是分公司，其公司资产属于母公司，不具备独立的法人资格，无权独自签约；如果是对方委托的第三者，则要了解其是否有足够权利和资格代表委托人参加谈判。

（2）资信的调查

对对方所代表企业资信情况的调查包括对对方所代表企业的资本、信誉与履约能力的调查。

对对方所代表企业的资本调查主要是调查对方所代表企业的资产负债情况、收支状况、销售状况等。对方所代表企业的资本实力应该通过第三方出具的年度审计报告，以及银行、资信鉴定机构出具的证明来核实。

对对方所代表企业的商业信誉与履约能力调查主要是调查企业的经营历史、经营作风、产品的市场声誉，以及其在以往的商务活动中是否具有良好的商业信誉。

谈判典例

我国长春某公司听说南非是一个诱人的市场，于是希望自己的产品打入南非市场，并与当地一家公司取得了联系。为了摸清合作伙伴的情况，公司决定派团队到南非进行实地考察。

到达南非后，对方立即安排他们与公司的总经理会面，地点在一个富丽堂皇的大酒店。该公司的总经理派头十足，充满激情，他侃侃而谈，介绍其公司的情况、经营方略及未来发展。所有这些深深打动了长春某公司的考察团，他们深信这是一个实力雄厚且可靠的合作伙伴，回国后马上发出了 10 万美元的货物。

然而三个月过去了，这批货物再也没有了音信。公司再派人去调查，才发现掉进了一个精心设计的圈套里。那位总经理原来是当地的一个演员，陈设精良的接待室原来是临时租来的房间，而合作的公司早已宣告破产。

（3）谈判人员权限的调查

商务谈判的一个重要法则是不与没有决策权的人谈判。一般来说，对方参与谈判的人员职位越高，权限也就越大。如果对方参与谈判的人员职位较低，那么就应该了解对方参与谈判的人员是否得到授权，在多大程度上能够独立做出决定，或者是否具有决定让步幅度的权力等。

（4）谈判目标的调查

谈判人员应尽可能通过观察与沟通去辨别、发现对方本次谈判的目的、对方谈判要达到的目标、对方可能接受的最低标准，以及对我方的特殊需求。只有认真了解对方的需求，才能有针对性地制订激发其成交动机的策略。

（5）谈判时限的调查

谈判时限与谈判任务量、谈判策略、谈判结果都有重要关系。一般来说，时间越短，谈判人员用以完成谈判任务的选择机会就越少。了解对方谈判时限，有利于了解对方在谈判中会采取何种态度、何种策略，从而制订相应的策略。

此外，谈判人员可从多方面搜集对方信息，全面掌握谈判对手的一些其他情况。具体包括对方谈判人员的资历、能力、性格、个人作风、爱好与禁忌等；谈判对手所追求的中心利益和特殊利益；谈判对手对己方的信任程度；谈判对手对己方经营与财务状况、支付能力等多种因素的评价等。

3. 对交易条件的调查

谈判人员在谈判前应围绕交易主要条件搜集、掌握有关信息，以保证谈判和交易的顺利进行。具体包括以下几个方面。

（1）商品信息

在进行谈判之前，谈判人员需要了解包括商品名称、包装、规格、数量和价格等在内的多种信息。

- ✧ 名称和包装。注意分辨同一种交易商品的不同名称；搜集同类商品的包装设计，分析不同包装设计对销售量的影响；搜集各国对商品包装的要求和规定，避免触犯禁忌。
- ✧ 品质规格和数量。搜集与交易商品类似商品的品质规格信息，并加以比较，以作为谈判的依据；搜集对方企业以往交易的商品数量信息，防止诈骗行为。
- ✧ 价格。搜集影响商品成本的资料；搜集同类商品的价格信息，掌握商品的最高价、最低价、平均价及未来价格走势；在国际贸易谈判中，还要注意汇率的变动。

（2）商品检验

谈判人员应搜集商品主要检验机构的权限、检验技术，世界各国和国际组织对商品检验的有关规定和相关要求等方面的资料。

（3）运输和保险

运输方面的调查和资料搜集包括运输方式、运输工具、运输路线及运费的信息，以备选用；保险方面的调查和资料搜集指了解各保险机构的相关险种、手续和费用的情况，并进行比较。

（4）货款支付

谈判人员应研究并寻找有利于己方的付款方式；在国际贸易中，还要了解进口国家的贸易管理和外汇管理条例，以免货物到目的地后被拒收。

谈判典例

A 公司与 B 公司就某项技术的转让费进行谈判。B 公司的观点是，该项技术经过 5 年的研制才完成，每年投入科研费 200 万元，5 年为 1 000 万元，考虑仅转让使用权，可以 20%的比例计费，即 200 万元。

A 公司在得知上述信息后，进行了内部讨论，达成如下共识：

（1）收集 B 公司的产品目录，调查 B 公司近几年来新产品的推出速度，如推出的新产品多，说明他们每年有多个产品投入研发。

（2）收集 B 公司近几年的年报，调查其资产负债状况和损益状况，若利润率高，说明该公司具备将大量资金投入研发的能力；若利润率低，就得借款开展研发；若负债率不高，说明借款少或没有借款。

（3）查询 B 公司每年交纳企业所得税的情况，纳税多说明利润高，纳税少说明利润低。

经调查发现，B 公司每年有 5 种新产品上市，其负债率很低，利润率也不高，每年的利润不足以支持研发费用。因此，B 公司所称的每年的资金投入并不真实，其对于企业自身情况有所隐瞒。

在谈判中，A 公司向 B 公司表明了上述事实与推断，请 B 公司表态。B 公司无法对本公司低负债、低利润和高投资的关系做出合理的解释，只好降低了技术转让费标准。

4. 对己方的了解

在谈判前的调查准备工作中，不仅要调查分析客观环境和谈判对手的情况，还应该正确了解和评估自身的状况。

（1）己方企业的情况

谈判人员应了解己方企业的社会地位、经济实力、人才力量、设备情况、管理水平、劳动效率及产品的优缺点等。通过对这些情况的了解和分析，谈判人员可以了解企业的优势与劣势，预估谈判的趋势。

（2）己方谈判人员的情况

正确、有效地评价谈判人员自身并不是一件容易的事情。除了谈判人员的自我认识、自我评价外，更需要谈判团队领导人对团队成员有较为客观的认识和评价。通过对谈判人员的价值观、性格特点、能力水平等方面的细致考察，可以帮助其发现自身弱点并尽力改善，从而有效避免使己方在谈判中陷入被动局面的情况。

5.2.2 背景调查的渠道与方法

进行背景调查，需要借助多种信息渠道和调查方法，以使调查结果能够全面、真实、准确地反映现实情况。

1. 背景调查的信息渠道

（1）纸质媒体

通过报纸、杂志和专业书籍等纸质媒体中登载的关于企业的文字、图表、照片等，可以获取企业的多种信息，如销售额、市场地位等。一般来说，城市图书馆、企业、高校及研究机构的资料室里都有这些纸质媒体。

（2）互联网

在互联网上可以非常方便、快捷地查阅众多的企业信息、产品信息、市场信息等。但通过此类渠道搜集的信息十分庞杂，需要对其进行进一步的鉴别，判断其真实性（见图 5-2）。

图 5-2　谈判人员利用互联网进行背景调查

（3）各种商务会议

通过参加各种商品交易会、展览会、订货会、企业界联谊会、各种经济组织专题研讨会等可获取大量资料。此类渠道搜集的资料信息量大且比较新，但需要善于从中捕捉有价值的内容。

（4）各种专门机构

各种专门机构包括商务部，进出口公司，本公司在国外的办事处、分公司，驻各国的大使馆等。这些专门机构会不定期地发表相关的统计资料和相关报告，谈判人员可以通过此类机构获得企业的相关信息。

（5）知情人员

通过朋友、客户、公司的商务代理人、对方企业的雇员、消费者等可以了解所需要的信息资料。

2. 背景调查的方法

（1）文案调查法

文案调查法指搜集和分析企业提供或公开发行的资料，包括商品目录、报价单、企业简介及介绍谈判对手情况的报刊、书籍等。

（2）访问法

访问法指通过直接或间接的问答方式搜集市场信息，包括面谈调查、发放调查问卷、邮寄调查和电话调查等。

（3）观察法

观察法指调查者亲临调查现场搜集信息。这种方法的优点是可以通过亲自观察得到最为真实可靠的信息；缺点是有一定的局限性。例如，受交通条件限制，部分现场不能到场观察。

（4）实验法

实验法指对调研内容进行现场实验。例如，商品试销、试购，以及模拟其他商务活动运作。这种方法比观察法更进一步，可以发现一些在静态观察时不易发觉的信息。

(5)购买法

购买法即从有关专业市场调查公司或咨询机构直接购买信息，是一种借助于外界力量，达到了解谈判对手目的的调查方法。市场调查公司和咨询机构拥有专职的市场调研员、熟悉业务的专家，同当地企业有着广泛的联系，在搜集信息方面更具优势。

3. 背景资料的整理

通过各种渠道和方法搜集到资料后，必须对其进行整理，以鉴别资料的真实性与可靠性，同时需要结合谈判项目的具体内容，分析各种因素与该谈判项目的关系，找出有价值的信息。一般来说，背景资料的整理分为四个阶段。

(1)评价

对资料进行评价是指对已搜集到资料的价值加以确认。对于那些无论现在还是将来都不会有任何用途的资料，应该毫不犹豫地舍弃。对于现在可以立即利用的资料，应进行保留。对于将来有可能用上的资料，应妥善保存，以备不时之需。

(2)筛选

对于现在可以立即利用的资料，也需要进行有效的筛选。一般来说，资料的筛选方法有以下几种。

- ✧ **查重法**：指对于重复出现的，完全相似的资料首先剔除重复部分，而对于重复出现，但并不完全相同的资料可以保留一部分。
- ✧ **时序法**：指将搜集到的资料按时间顺序排列，保留较新的，舍弃较旧的。这样能够使资料在时效上更有价值。
- ✧ **类比法**：指将搜集到的资料按产品、业务、空间或地区分类对比，保留每类资料中对本次谈判更有帮助的，舍弃其余的。
- ✧ **评估法**：指由专业人员或资深人员对资料进行评估后，决定资料的取舍。

(3)分类

对筛选出来的资料应认真地进行分类，分类方法一般有以下两种。

- ✧ **从大到小分类法**：即先把资料分成大的类别，然后再对大类别进行细分，但不要分得太细，以免出现重复。
- ✧ **ABC 分类法**：即按资料对谈判项目的重要程度对资料进行分类。如果该资料对谈判项目很重要，将它定为 A 级，进行重点整理与保存；如果资料对谈判的作用较 A 级资料次之，那么将它定为 B 级，要较重点地进行整理与保存；如果资料对谈判的作用不大，但有一定价值，那么将它定为 C 级，进行一般的处理即可。

任务 5.3　制订商务谈判方案

商务谈判方案是指谈判人员就谈判的内容所拟定的谈判目标、准则、具体要求和规定等。谈判方案是整场谈判的纲领性文件，指导着谈判过程的进行，其制订应根据不同的谈判内容做出相应调整。

5.3.1　制订谈判方案的原则

在正式谈判之前必须制订具体的谈判方案，它不仅是保证谈判顺利进行的必要条件，也是取得谈判成功的基础。一般来说，制订谈判方案需要遵循以下原则。

1. 简明扼要

简明扼要是制订谈判方案的首要原则。只有用简单明了、高度概括的文字对谈判项目的内容加以表述，才能更方便谈判人员记住谈判要点，把握己方在谈判中的基本思路和目标，从而使其能够得心应手地应对复杂多变的谈判局面，从容地与对手进行周旋。一般来说，谈判方案往往是简洁清晰的一页或两页纸。

2. 内容具体

内容具体是指在谈判方案中要罗列出本次谈判的主要内容和基本问题，但这并不意味着要把所有有关的谈判细节都包括在内。如果事无巨细，样样俱全，不但会使谈判人员在执行时遇到困难，而且也会使其失去作为谈判纲领性文件所应有的指导意义。

3. 具有灵活性

谈判过程千变万化，谈判方案不可能把影响谈判过程的各种因素都估计在内，也不可能对谈判桌上发生的所有意外情况都有所涉猎。因此，其必须具有灵活性，对可控因素和常规事宜做适当安排，同时为可能发生的意外情况留有充分余地，以便谈判人员充分发挥主观能动性和创造性，灵活应变。

4. 具有预见性

谈判人员制订谈判方案时必须将可能在此次谈判中讨论的所有问题都列入方案内，并对方案实施的可能性有所估计。同时，对于该方案的实施可能引起的对方的反响，也应该有所估计。

5. 具有可行性

如果在制订谈判方案时一味追求自身利益的最大化，而忽视了对方的基本需要，就很可能使谈判陷入僵局甚至破裂。因此，制订谈判方案时，不应把对方视作敌人，而应把目标对准要解决的主要问题，照顾双方的需要。只有这样，谈判方案才具有可行性。

5.3.2 谈判方案内容的确定

不同类型的谈判在标的、性质、方式、规模等方面都存在一定差异，因此谈判方案的内容也不尽相同。但一般来说，谈判方案应该包括以下内容。

1. 谈判目标

谈判目标由一系列的具体内容所构成，包括商品价格、质量、付款方式、运输方式和交货时间等。谈判目标通常可以分为以下三个层次。

（1）最低目标

最低目标是谈判人员期待通过谈判达成的下限目标。对己方而言，通常宁愿谈判破裂，放弃商贸合作项目，也不愿接受比最低目标更低的条件。可以说，最低目标是谈判人员必须坚守的最后一道防线。

（2）中间目标

中间目标是谈判人员可努力争取或做出让步的范围。谈判中的讨价还价就是双方争取实现中间目标的过程。因此，中间目标的实现往往意味着谈判取得成功。

（3）最高目标

最高目标是能够最大化地满足己方利益的一种理想目标，通常很难实现。然而，在谈判开始时，以最高目标作为报价起点，有利于使己方在讨价还价中处于主动地位。

2. 谈判要点

谈判要点是指在谈判中对己方企业的经济利益最具影响力的那些问题或条款。它实质上是谈判目标的具体化。从总体上看，谈判要点主要包括商品价格、商品品质、商品数量、商品装运和付款方式等。这些要点直接影响谈判双方的经济利益，所以往往是谈判双方的焦点。

3. 谈判方式

谈判方式一般有两种，即横向谈判和纵向谈判。在实际谈判进程中，两种方式通常交叉进行。

（1）横向谈判

横向谈判是指在确定谈判的主要问题后，逐个讨论预先确定的问题，当在某一个问题上出现矛盾或分歧时，就把这个问题放在后面，然后开始讨论下一个问题，如此周而复始，直至双方就所有问题达成协议。

（2）纵向谈判

纵向谈判则是在确定谈判的主要问题后，先集中对其中一个问题进行充分讨论，待彼此达成一致意见后，再进入下一个问题的磋商，直至双方就所有问题达成协议。

4. 谈判期限

谈判期限是指从谈判人员着手进行谈判的准备工作开始至双方达成协议为止的这一段时间。谈判期限的规定可长可短，但要具体、明确，同时又要有伸缩性，应留有一定的机动时间，以充分发挥谈判人员的主动性和灵活性，使其能够有效应对谈判过程中的情况变化。

5. 替代方案

一个完整的谈判方案，其中必然要包含替代方案。替代方案可能是不改变核心内容，只是换一种提法；也可能是彻底地推倒原有方案，另起炉灶。制订替代方案的目的是在原有方案无法实行时，在保证己方根本利益不受损害的前提下，确保谈判顺利进行。通常，替代方案越多，己方在谈判中选择的余地就越大，达成目标的概率也就越大。

任务 5.4　模拟谈判

模拟谈判是指在正式谈判开始前，企业组织有关人员（包括谈判小组的成员和企业内部的其他人员），通过特定的情景设计、角色扮演等对谈判过程进行演习。模拟谈判的目的是检查所制订的谈判方案在实施中可能产生的效果，以便及时进行修正和完善。

5.4.1　模拟谈判的方式

模拟谈判是谈判准备工作的最后阶段。谈判人员通常可以通过沙龙式模拟、戏剧式模拟、列表式模拟等方式进行模拟谈判。

1. 沙龙式模拟

沙龙式模拟又称会议式模拟，是指把参与谈判的相关人员聚集在一起，以会议的形式对即将进行的谈判进行充分讨论，对企业在本次谈判中谋求的利益、对方的基本目标、对方可能采取的策略、我方的对策等问题自由发表意见，共同想象谈判全过程（见图 5-3）。

沙龙式模拟的优点是能够利用竞争心理，使谈判人员充分发表意见，互相启发，在集体思考的强大刺激及压力下，催生高水平的谈判策略、方法和技巧。

2. 戏剧式模拟

戏剧式模拟是在谈判前进行实战演习，根据拟定的不同假设，安排各种谈判场景，以丰富谈判人员的实战经验。每个谈判人员都要在模拟谈判中扮演特定的角色，随着“剧情”的发展，体验谈判的全过程（见图 5-4）。

通过戏剧式模拟，能够使每个谈判人员找到自己在谈判中的最佳位置，从而准备得更充分、更准确，也能够为谈判人员提供一次分析对方谈判动机、思维方式等的机会，使其处在对方的角度进行思考，从而完善己方谈判方案。

图 5-3　沙龙式模拟

图 5-4　戏剧式模拟

3. 列表式模拟

列表式模拟是最简单的一种模拟方式，一般适用于小型的、常规性的谈判。具体操作过程如下：通过对应表格的形式，在表格的一方列出我方经济、技术、人员、策略等方面的优缺点和对方的目标及策略，另一方则相应地罗列出我方针对这些问题在谈判中所应采取的措施。

这种方式的最大缺陷在于它实际上还是谈判人员的主观产物。它只是尽可能搜寻问题并列出对策，至于这些问题是否真的会在谈判中发生，这些对策是否能起到预期的作用，由于没有通过实际的检验，并不能完全确定。

5.4.2 模拟谈判的步骤

模拟谈判一般包括拟定模拟假设、实施模拟谈判和总结模拟谈判三个阶段。

1. 拟定模拟假设

进行科学的模拟谈判，首先要拟定正确的假设。模拟谈判实际就是提出各种假设情况，然后针对这些假设，制订出一系列对策，采取一定措施的过程。因而，假设是模拟谈判的前提和基础。

首先，是对客观环境的假设。通常需要假设谈判时间、谈判场所或其他外部环境对己方可能产生的影响，以便谈判人员有所准备。

其次，是对对方的假设，主要是揣摩谈判对手在谈判的具体内容上可能持有的态度。例如，对方对商品质量、品种、价格、包装、运输方式、支付方式等方面的要求，对方的合作意愿等。

最后，是对己方的假设，包括对谈判人员自身心理素质、谈判能力的自测与自我评价，也包括对自身谈判策略、谈判准备等方面的评价。对自身的假设可以使己方人员正确认识自己在谈判中的位置和作用，在实战中扬长避短，发挥优势。

值得注意的是，无论哪一种假设，都有可能是错误的。谈判人员不能把假设等同于事实，对于假设的结果要小心求证。同时，为了确保假设具有一定的科学性，应尽量由具有丰富谈判经验的人员以事实为基础拟定假设。

谈判典例

A 公司有意与 B 公司合作，B 公司做出与对方进行洽谈的准备。通过了解得知，A 公司收益已连续三年呈下降趋势，其管理体制与三年前完全一样，三年来一直没有开发新产品、开拓新市场。立足于这几点，在进行正式洽谈之前，B 公司做出如下假设。

（1）如果对方的管理体制依然不变，而且不打算开发新产品、开拓新市场，那么该公司的效益仍可能继续降低。

（2）为扭转目前不利局面，该公司可能迫切需要技术、人才、资金，或者需要开拓新市场。

（3）基于上述内容，我方与对方合作，即使我方提高要价，采取强硬立场，也可能会取得成功。

2. 实施模拟谈判

实施模拟谈判就是在事前拟定的各项假设的基础上演习谈判过程。无论是采用哪种方式的模拟，一定要注意从始至终按照谈判顺序进行，演习自己与对手面对面谈判的情形，包括谈判时的现场气氛，对方的面部表情，谈判中可能涉及的问题，对方可能提出的各种反对意见，己方的各种答复、各种谈判技巧的运用，等等。只有这样，才能真正使模拟谈判更具有针对性和实战性，从而确保谈判方案的贯彻实施。

3. 总结模拟谈判

模拟谈判的目的是及早发现谈判方案中的问题，从而提出解决问题的对策，掌握谈判的主动权。因此，在实施模拟谈判之后，必须及时地总结、分析，找出谈判方案各项内容中存在的问题，并有针对性地予以改进和完善，从而在正式谈判前制订出一套相对完善的谈判方案，为正式谈判奠定良好的基础。

实战演练

社会实践：筹集赞助资金

任务概述

为繁荣校园文化，丰富学院学生业余文化生活，努力营造活跃、和谐的校园文化氛围，学院将延续往年传统，举办校园十佳歌手大赛。为筹集活动资金，活动负责人希望得到学生帮助，由学生选择学院附近商家，进行商务谈判，获取赞助资金。

请同学们以此为背景，选择合适的对象，进行谈判前的背景调查并制订一份商务谈判方案。

任务分组

全班学生自由分组，每组 6～8 人，各组选出组长并进行任务分工，将小组成员及分工情况填入表 5-1 中。

表 5-1 小组成员及分工情况

<table>
<tr><td>班级</td><td></td><td>组号</td><td></td><td>指导教师</td><td></td></tr>
<tr><td>小组成员</td><td>姓名</td><td>学号</td><td colspan="3">任务分工</td></tr>
<tr><td>组长</td><td></td><td></td><td colspan="3"></td></tr>
<tr><td rowspan="7">组员</td><td></td><td></td><td colspan="3"></td></tr>
<tr><td></td><td></td><td colspan="3"></td></tr>
<tr><td></td><td></td><td colspan="3"></td></tr>
<tr><td></td><td></td><td colspan="3"></td></tr>
<tr><td></td><td></td><td colspan="3"></td></tr>
<tr><td></td><td></td><td colspan="3"></td></tr>
<tr><td></td><td></td><td colspan="3"></td></tr>
</table>

任务准备

（1）对商务谈判背景调查有一定了解。
（2）了解一定的市场营销知识。
（3）具备一定的方案策划能力。

任务实施

按照小组分工情况开展谈判背景调查活动，并将具体的实施情况记录在表 5-2 中。

表 5-2　实施情况记录表

时间安排	实施步骤
	1．了解商务谈判背景调查知识
	2．小组讨论，确定调查目标
	3．制订调查方案，确定调查内容
	4．整理收集到的资料，确定谈判对象
	5．小组讨论，制订商务谈判方案 （1）谈判方：______ （2）谈判主题：______ （3）谈判期限：______ （4）对方谈判人员组成：______ 我方谈判人员组成：______ （5）谈判目标：______ （6）谈判要点：______ （7）谈判方式：______

（续表）

时间安排	实施步骤
	（8）谈判策略：

评价反馈

各组配合指导老师完成如表 5-3 所示的考核评价表。

表 5-3　考核评价表

项目名称	评价内容	分值	评价分数		
			自评	互评	师评
成果评价（40%）	调查方案内容合理、全面	15			
	收集到的信息有价值	10			
	制订的商务谈判方案内容具体、具有可行性	15			
技能评价（40%）	能够按照调查方案进行较为全面的调查	15			
	能够有效整理调查所得资料	10			
	能够根据调查内容制订谈判方案	15			
素养评价（20%）	态度认真，做事细致	5			
	有较好的团队合作意识	10			
	积极实施任务	5			
合计		100			
总评	自评（20%）+互评（20%）+师评（60%）=	教师（签名）：			

素质园地·知类通达

谈判专家成长记

在距离安哥拉首都罗安达约 2 小时车程的地方，有一片面积 66 万平方米的区域。这里就是中国能建葛洲坝国际公司承建的桑比赞加基础设施建设工程项目所在地。33 岁的谭鹏正是在这个项目开展的 5 年里，从一个普通的现场施工管理员成长为独当一面的项目经理。

谭鹏 2012 年研究生毕业后加入中国能建葛洲坝国际公司，2013 年初被派驻安哥拉桑比赞加项目部，一待就是 5 年。2018 年 6 月，为改善因前期因素造成的项目履约被动局面，提升发展质量和经营水平，在变更索赔商务谈判中，谭鹏被任命为谈判负责人。尽管有着充实的国际工程领域知识和较强的国际工程商务管理能力，但缺少谈判实践经验的谭鹏还是有些无从下手。思考一番后，谭鹏还是找到了自己当时的导师苏巧。

谈判前期，苏巧从方案的制订、策略的选择、谈判的推进等阶段的措施与预案方面与谭鹏进行沟通，指导谭鹏在“求同存异、合作共赢、合情合理”的理念下逐步推进。谭鹏积极执行苏巧的理念，促使整个谈判过程顺利推进，不仅解决了项目后续的价格水平、所在国税率变化等问题，更提升了项目实际收益。

关于成本控制、风险把控、资金流动，以及动态监控等具体工作环节涉及的内容，苏巧都详细向谭鹏进行了讲解，谭鹏则在实际工作中将它们内化吸收。这种由理论到实践，再从实践中总结提升的工作方式，也使谭鹏在商务谈判中越来越得心应手。

后来，在桑比赞加项目的安置房项目履约中，谭鹏由原来的被动执行导师的想法转向积极作为，主动向业主提出项目后续各项实施方案，并对方案进行了详细论证，同时积极把握主动权，提前布局策划，不断加强自身商务策划及谈判沟通能力，促进了安置房项目顺利履约。

学始在知，学贵在行，行需得法。在日常的学习、工作中，我们都要养成勤于思考、学思并重、举一反三、将理论与实际相联系的习惯，如此才会有所收获、有所成长。

资料来源：http://www.cggc.ceec.net.cn/art/2019/1/23/art_6862_1826628.html

项目 6

商务谈判——开局

项目导读

在完成了各项前期准备工作后，谈判双方就将进入谈判的开局阶段，也即双方面对面的正式接触时期。从时间上看，开局阶段只占整个谈判过程的一小部分，但是它将为整个谈判活动奠定一个基调，影响着整个谈判活动的进展与成效。因此，谈判人员必须巧妙地运用开局策略，营造恰当的谈判气氛，推动谈判的顺利进行。

学习目标

知识目标

- ✧ 了解开局阶段的作用
- ✧ 熟悉开局策略的类型
- ✧ 熟悉谈判气氛的类型
- ✧ 了解开场陈述的内容，掌握开场陈述的技巧
- ✧ 了解报价的原则和影响因素，熟悉报价的形式与次序

技能目标

- ✧ 掌握多种开局方式，能够选择合适的开局策略
- ✧ 掌握营造谈判气氛的方法
- ✧ 能够在谈判开局阶段进行有效陈述与合理报价

素质目标

- ✧ 培养新时代爱国主义精神，增强维护国家利益的意识
- ✧ 树立为实现中华民族伟大复兴而奋斗的理想

谈判现场

外籍商人回乡建厂谈判

近些年来，越来越多的在外商人纷纷回乡投资建厂，掀起了一股持续的“回归潮”。一位已经在澳门生活了近二十年的湘籍商人宋某，准备与湖南省一公司进行深入合作，共同投资建厂。经过多次电话与邮件接洽，宋某所在公司与湖南省那家公司最终确定于 2017 年秋天进行谈判。

2017 年 10 月 15 日，宋某带领公司谈判代表团队人员（多为湘籍人员）乘坐飞机抵达长沙黄花机场。湖南省那家公司的总经理亲自到机场迎接，并安排一行人员入住酒店。为了让对方谈判人员适应环境，公司总经理并没有立即安排谈判，而是先安排对方游览和参观了毛泽东故居和刘少奇故居，并由己方谈判代表部分人员陪同游览。

第三天，双方开始正式谈判，谈判地点就选择在对方入住酒店的二楼会议室。早上八点，谈判如期举行。谈判双方一见面，主方主谈人员先用家乡话问候了对方，浓浓的乡音感动了对方多位湘籍代表，很快拉近了双方距离。接着，对方对主方安排参观故居的安排表示了感谢，并对主方的亲切发表了许多感慨。谈判就在这样充满浓浓乡情的气氛中开场了。

经过双方的友好协商，这场谈判最终取得了圆满成功，双方签订了合作投资建厂的协议。

思考

湖南省那家公司是如何营造出良好的谈判气氛的？你认为良好的谈判气氛有哪些作用？

谈判课堂

任务 6.1 选择开局策略

谈判的开局阶段是指谈判双方见面后，在进入具体交易内容谈判之前，进行短暂接触的时间段。在此阶段，谈判人员要选择合适的策略，以帮助己方掌握谈判主动权。

6.1.1 开局阶段的作用

开局阶段并不涉及谈判的实质性内容，却对整个谈判过程具有相当重要的作用。

1. 营造谈判气氛

所有的谈判都是在一定的谈判气氛下展开的。在谈判的开局阶段，谈判双方可根据谈判目的营造适当的谈判气氛，从而为后续谈判奠定一个基调。

2. 确定开局地位

由于谈判双方在背景、实力、目的和对对手的了解程度等方面存在不同，因此，双方一般在谈判的开局阶段就会呈现出不同的谈判状态。这种状态可称之为谈判双方的开局地位，它显示了双方在谈判中的力量对比，决定着双方在谈判中采取的态度与方式，同时也决定着双方对谈判局面的控制，进而决定着谈判的结果。

6.1.2 谈判开局策略的类型

谈判开局策略是指谈判人员谋求谈判开局有利形势和实现对谈判开局控制而采取的行动方式或技巧。通常来说，谈判开局策略主要包括一致式开局策略、保留式开局策略、坦诚式开局策略、进攻式开局策略、挑剔式开局策略等。

谈判的开局技巧

1. 一致式开局策略

一致式开局策略是指在谈判开始时，为使对方对己方产生好感，以协商的口吻来征求谈判对手的意见，然后对其意见表示赞同和认可，并按照其意见开展工作，从而使谈判双方在愉快、友好的气氛中不断将谈判引向深入的一种开局策略（见图 6-1）。

图 6-1 友好开局

一致式开局策略的目的在于创造取得谈判胜利的条件，比较适用于谈判双方实力比较接近，过去没有商务往来经历，而第一次接触又都希望有一个好的开端的情况。运用该策略时，需要注意以下两点：一是用来征求对方意见的问题应该是无关紧要的问题，即对方对该问题的意见不会影响到己方的具体利益，如“我们将付款方式放到后面讨论怎么样？”等；二是在赞成对方意见时，态度不要过于献媚，要让对方感觉到己方是出于尊重，而不是奉承。

2. 保留式开局策略

保留式开局策略是指在谈判开局时，对谈判对手提出的关键性问题不做彻底、确切的回答，而是有所保留，从而营造神秘感，以吸引对方深入谈判的一种开局策略。

保留式开局策略能够模糊己方意图，避免在一开始就暴露己方机密，从而给双方在磋商阶段留出较大的协商空间。运用该策略时，一定要遵守商务谈判的道德原则，以诚信为本，向对方传递的信息可以是模糊信息，但不能是虚假信息，否则会使己方陷入非常难堪的局面之中。

谈判典例

日本某公司与我国福建省一家公司互派代表就茶业投资问题进行谈判。谈判一开始，日方代表就问道：“我们还不了解贵公司的实力到底如何，能否请您向我们介绍一下，以增加我方合作的信心。”中方代表回答道：“不知贵方所指的实力包括哪几方面，但有一点我可以明确地告诉您，在制茶方面我们肯定是内行，我们的制茶技术是世界一流的，而福建省又有着丰富的茶资源，贵公司如果与我们合作，肯定会比与其他公司合作满意。”最终，两家公司经谈判达成协议。

3. 坦诚式开局策略

坦诚式开局策略是指以开诚布公的方式向谈判对手陈述己方的观点或想法，从而打开谈判局面的一种开局策略。坦诚式开局策略通常适用于有长期合作关系的双方，双方彼此比较了解，有着比较友好的关系。在谈判中，运用坦诚式开局策略，畅谈双方以往的合作经历和取得的成功，省去礼节性的客套，直接坦率地提出己方的观点和要求，反而更能使对方对己方产生信任感。

此外，当己方的谈判实力明显不如对方，并为双方所共知时也可运用该策略。在这种情况下，坦率地表明己方的弱点，可以使对方感受到己方对谈判的诚意及实事求是的精神，这也有利于谈判的进一步发展。

一个经济实力较弱的小厂与一个经济实力强的大厂谈判时，小厂的主谈人为了消除对方的疑虑，在谈判前就对对方讲："我们摊子小，实力不够强，但人实在，信誉好，产品质量符合贵方的要求，而且成本较其他厂家低。我们愿意真诚平等地与贵方合作。我们谈得成也好，谈不成也好，我们这个'小弟'起码可与你们这个'兄长'交个朋友，向贵方学习生产、经营及谈判的经验。"

小厂主谈人的寥寥几句肺腑之言，表明了自己的开局意图，消除了对方的疑虑，赢得了对方的好感和信任，使谈判顺利地深入进行。

4. 进攻式开局策略

进攻式开局策略是指通过语言或行为来表达己方强硬的姿态，从而获得对方的尊重，并借以制造心理优势，使得谈判顺利进行下去的一种开局策略。进攻式开局策略通常只在特殊情况下使用。例如，谈判对手刻意制造低调气氛，以某种气势压迫己方，如果不扭转局面，变被动为主动，就将损害己方利益。

采用进攻式开局策略时一定要谨慎，做到有理、有节，避免使谈判一开始就处于剑拔弩张的气氛中，这对谈判的进一步发展极为不利。

5. 挑剔式开局策略

挑剔式开局策略是指在谈判开局时，对对方的某项错误或礼仪失误严加指责，使其感到内疚，从而达到迫使对方让步目的的一种开局策略。运用挑剔式策略开局时同样需要谨慎，做到对事不对人。在指出对方的错误时，应该把握好力度，做到既让其感受到压力，又不至于因压力过大而发起反攻，从而使谈判陷入僵局。

任务 6.2 营造谈判开局气氛

谈判气氛，是指谈判双方通过各自所表现的态度、作风而建立起来的谈判环境。任何谈判参与人员进入谈判场所的方式及其在开局阶段的目光、姿态、谈话等都可能影响或改变谈判开局气氛。同时，任何谈判人员的情绪、思维都有可能受到谈判气氛的影响。谈判气氛的类型复杂多样，具体选择并营造哪种谈判气氛应视具体情况而定。

6.2.1 营造高调气氛

高调气氛是指谈判双方情绪积极、态度主动，愉快因素成为谈判形势主导因素的谈判开局气氛（见图 6-2）。在高调气氛中，谈判双方态度诚恳、真挚，对谈判前景的看法比较乐观。因此，高调气氛可以促进协议的达成。

图 6-2　高调开局气氛

1. 营造高调气氛的条件

（1）己方优势明显

在谈判开始前，如果己方已经判定自身实力明显强于对方，为了使对方有一个清楚的自我定位，并且在谈判中不抱过高的期望，那么己方在开局阶段的语言和姿态上应该在表现礼貌友好之外，展示充分的自信。

（2）双方曾有友好交易往来

如果谈判双方在此次谈判之前已经有过交易业务往来，并建立了友好的合作关系，就可以通过热烈、真诚的语言及轻松的姿态畅谈双方过去的友好合作过程，称赞对方企业的发展与进步，展现对此次谈判的信心，营造积极的谈判气氛。

（3）己方迫切希望合作

经过一系列准备工作后，己方对双方谈判成交并签订协议的前景感到乐观，甚至是迫切希望与对方进行合作时，则可以充分把握时机，全力投入，态度恳切地营造高调的开局气氛。

2. 营造高调气氛的方法

总体来说，热烈、积极、友好的谈判气氛展现着诚挚、轻松等特点，适合发展商务关系。谈判双方进入谈判场所后，可以通过以下几种方法来营造高调气氛。

（1）感情切入法

感情切入法是指通过某一特殊事件来引发普遍存在于人们心中的情感因素，并使这种情感迸发出来，从而达到营造气氛的目的。

谈判典例

中国一家家电生产企业准备从日本一家公司引进一条电视生产线，双方分别派出了一个谈判小组就此问题进行谈判。谈判当天，双方谈判代表刚刚就座，中方的首席代表（副总经理）就站了起来，他对大家说："在谈判开始之前，我有一个好消息要与大家分享。我的太太在昨天夜里为我生了一对双胞胎！"此话一出，中方谈判人员纷纷站起来向他道贺，日方代表也纷纷站起来向他道贺，整个谈判会场的气氛顿时高涨起来。之后，谈判进行得非常顺利。

这位副总经理为什么要提自己太太生孩子的事呢？原来，他在与日本企业的以往接触中发现，日本人很喜欢板起面孔谈判，以营造一种冰冷的谈判气氛，给对方造成一种心理压力，从而控制整个谈判，趁机抬高价码或提高条件。于是，他便想用自己的喜事来打破日本人的冰冷面孔，营造一种有利于己方的高调气氛。

（2）称赞法

称赞法是通过称赞对方来削弱对方的心理防线，使对方焕发出谈判热情，从而调动对方的情绪，营造高调气氛。采用称赞法时应该注意以下几点：第一，选择恰当的称赞目标。要注意投其所好，即选择那些对方最引以为自豪的，并希望己方注意的目标。第二，选择恰当的称赞时机。要注意察言观色，在感受到与对方距离拉近时，适时给予称赞。第三，选择恰当的称赞方式。称赞对方时一定要自然且适度，避免让对方认为过度恭维、空洞奉承，从而引起其反感。

谈判典例

新加坡的一家企业想要成为中国一家著名电子公司的代理商，经该企业的多次沟通，双方约定在深圳进行一次谈判。

在谈判开始前，中方代表面容比较严肃。在新加坡企业的谈判代表想要做点什么来改善谈判气氛时，他发现中方代表喝茶及取放茶杯的姿势十分特别，于是说道："从您喝茶的姿势来看，您十分精通茶道，能否为我们介绍一下？"这句话正好点中了中方代表的兴趣所在，于是他滔滔不绝地讲述起来。结果是，后面的谈判进行得异常顺利，该企业终于拿到了其所希望的地区代理权。

（3）幽默法

幽默法是指用幽默的方式来消除谈判对手的戒备心理，使其积极参与到谈判中来，从而营造高调的谈判气氛。运用幽默“破冰”时，可以适度地与对方开玩笑，但必须有对语言驾轻就熟的技巧，必须视具体情况和对象而言，避免不着边际，随心所欲。

（4）问题挑逗法

问题挑逗法是指提出一些尖锐问题诱使对方与自己争议，通过争议使对方逐渐进入谈判角色。这种方法通常在对方谈判热情不高时采用。使用这种方法时，通常很难把握好度，因此应慎重使用，并想好退路。

6.2.2 营造低调气氛

低调气氛是指谈判气氛十分严肃、低落，谈判双方情绪消极、态度冷淡，不快因素成为谈判形势主导因素的谈判开局气氛。低调气氛会给谈判双方都造成较大的心理压力，在这种情况下，心理承受力较弱的一方往往会妥协让步。

1. 低调气氛的类型

低调气氛不仅可以是冷淡对立、严肃紧张的，还可以是松弛、缓慢的。

（1）冷淡对立、严肃紧张的谈判气氛

冷淡对立、严肃紧张的谈判气氛通常表现为谈判双方见面不热情、彼此互不关心，目光不相遇，相见不抬头，相近不握手，一方企图在衣着、语言、表情、行为等方面以优势因素压倒对方，在交谈时语带双关，甚至使用讥讽的口吻等。谈判双方处于明显的戒备、不信任的心理状态和强烈的对立情绪之中，使得整个开局呈剑拔弩张的局面。

（2）松弛、缓慢的谈判气氛

松弛、缓慢的谈判气氛通常表现为谈判人员进入谈判会场时精神不振，相见时握手例行公事、不紧不松；面部表情麻木、眼视他方；入座时左顾右盼，显出一种无所谓的态度。同时，也表现为不认真倾听对方的话题，甚至以轻视的口吻发问，双方不断转换话题，处于一种低调氛围之中。

2. 营造低调气氛的条件

（1）己方尚可讨价还价

在谈判开始前，如果己方已经判定自身实力明显弱于对方，但有一定砝码足够支撑己方在磋商过程中进行讨价还价。那么，为了不使对方在气势上占有绝对优势和轻视己方，己方在开局阶段可营造低调气氛，使谈判进入严肃紧张的状态。

（2）双方曾有不良交易往来

如果谈判双方在此次谈判之前就已经有过交易业务往来，但对对方企业的印象不佳，

并未建立友好关系，己方则可在开局寒暄时，在注意礼貌的同时，以冷漠的姿态展现距离感。同时，己方可以对双方过去的不佳合作过程表示遗憾与惋惜，并表示希望通过此次谈判改变过去的印象，从而营造低调气氛。

谈判问答

在商务活动中，企业在与另一企业有过不良交易往来后，由于受到一定形势和条件的制约，很有可能需要再次与该企业进行合作谈判。此时，企业可能会采取先宣泄情绪再回归理性的开局方式来营造低调气氛，你认为这样的方式是否可取？

3. 营造低调气氛的方法

（1）感情切入法

此方法与营造高调气氛的感情切入法性质相同，都是以情感诱发作为营造气氛的手段，但两者的作用方向相反。在营造低调气氛时，是要诱发对方产生消极情感，从而使低沉、严肃的气氛笼罩在谈判开局阶段。

（2）沉默法

沉默法是指以沉默的方式来使谈判气氛降温，从而达到向对方施加心理压力的目的。在谈判开始前，可以选择对对方的问题进行回答，也可以有选择地保持沉默，从而营造低调气氛。

6.2.3 营造自然气氛

自然气氛是指谈判双方情绪平稳，表现得既不热烈，也不消沉的谈判气氛。大多数谈判都是在自然气氛中开始的，在这种谈判气氛下更易掌握对方的心理，因为谈判双方在自然气氛中传达的信息往往要比在高调气氛和低调气氛中传达的信息更准确、真实。

1. 营造自然气氛的条件

（1）谈判双方实力相当

在商务谈判中，如果谈判双方实力相当，彼此没有明显优势，谈判人员可以避免对对方展现过度的戒备心理，激起对方的敌对情绪，而应以平和的心态，礼貌、自然地与对方寒暄。

（2）双方交易关系一般

如果谈判双方过去曾有交易业务往来，但并未有更深入的交往，关系一般，开局通常可以表现得平静、严肃。谈判人员可以通过控制语言的热情程度，用平实的语言、简练的语句，沉稳大方地提及双方的业务往来，从而营造自然气氛。

2. 营造自然气氛的注意事项

一般来说，自然气氛的营造不需要刻意使用过多的技巧，但也应该注意以下几点。

- ✧ 注意己方的礼仪、行为。
- ✧ 不在开局阶段就与谈判对手围绕某一问题开始争论。
- ✧ 尽量使用中性话题开场，自然地询问。
- ✧ 对对方的提问，能做正面回答的一定要正面回答；不能回答的，要采用恰当的方式进行回避。

谈判小贴士

中性话题的内容通常有以下几种：第一，非常宽泛的话题，如天气、地理环境、名山大川、花草树木、著名建筑等；第二，文体新闻，如电影、球赛等；第三，个人兴趣，如书法、绘画、钓鱼、养花等业余爱好。

任务 6.3 进行开场陈述与报价

开局阶段的目标主要是为进入实质性谈判创造良好条件，在谈判人员相互介绍和交流并营造有利的谈判气氛后，谈判双方应分别做开场陈述及初步报价。

6.3.1 开场陈述

开场陈述是指在开局阶段，谈判双方就本次洽谈的内容陈述各自的观点、立场及建议。其目的是让谈判双方把本次谈判所涉及的内容全部提出来，使双方就一些原则性分歧发表建设性意见或建议。

1. 开场陈述的内容

开场陈述的内容主要包括以下三个方面。

- ✧ 己方的立场。即己方希望通过谈判取得的利益，及准备采取何种方式为双方共同获得利益做出贡献。
- ✧ 己方对问题的理解。即己方认为本次谈判应涉及的主要问题，以及对这些问题的看法或建议等。
- ✧ 对对方各项建议的回答。如果对方开始陈述或提出某些建议，己方必须对其陈述或建议做出应有的反应。

谈判小贴士

在商务谈判中，谈判双方开场陈述时最好能够列出今后双方合作中可能会出现的障碍，以及己方谈判的原则等。

2. 开场陈述的技巧

在开场陈述时，谈判双方都不能完全不预留谈判的余地，也不能单方面让步。在这一过程中，我们应该注意以下几项内容。

- ✧ 谈判人员说话要谨慎，不要把不想让对方知道的情况暴露在对方面前；应注意言辞和态度，不要因出言不慎或态度欠佳引起对方的反感。
- ✧ 陈述时要把握要点，集中阐述己方想法。例如，己方可陈述哪些问题较重要，基本态度如何，愿为谈判做出哪些努力等。
- ✧ 己方开场陈述后，应留出时间给对方陈述。在对方陈述时，应注意倾听，并对对方的观点和意见进行整理，分析对方的谈判目的和意图，找出双方的共同点与不同点，以确定己方策略。
- ✧ 在对方陈述时，可通过提问探知对方在谈判中所持立场的坚定程度，以便在磋商中有的放矢地讨价还价。

谈判典例

甲乙双方分别是一种原材料的买方和卖方，双方约定就原材料交易进行谈判。谈判开始，双方首先进行开场陈述。

甲方："我们对贵方所能提供的原材料很感兴趣。我们准备大量购进一批，用来生产一种新产品。我们曾与其他厂家打过交道，但他们不能在短时间内提供足够数量的产品。然而我方目前最关心的问题就是时间，所以我们想以最快的速度与贵方达成协议。为此，我们希望开门见山，并简化谈判程序。预祝我们的交易成功。"

乙方："我们非常高兴贵方对我们的产品感兴趣，并愿意购买我们的产品。但是，我们的产品数量有限，市场又比较紧俏。正因为如此，我们不急于出售数量有限的产品。当然，我们最关心的还是价格问题。"

可以看出，谈判双方都通过简明扼要的语言清楚地阐明了各自的谈判目的、所关心的主要问题、各自的立场和态度。

6.3.2 报价

报价又叫发盘或发价，是指谈判双方各自向对方提出与整个交易相关的所有要求，包括产品的数量、质量、包装、价格、装运期限、保险、支付方式、商检和索赔等交易条件。报价是整个谈判的核心内容，一旦谈判的一方进行了报价，整个商务谈判将以此为基础展开。

1. 报价前的准备

在商务谈判中，进行报价前不仅要知己、知彼，还要熟知各种相关条件。

（1）知己

报价前最基本的要求就是了解自己。例如，卖方在向买方报价前，必须要对己方将要报价的产品有详细的了解，包括产品的优势、劣势、定位，公司在整个市场中的地位等。只有熟知这些信息，才能游刃有余地应对买方的提问。

除了产品本身以外，谈判人员还应该全面掌握己方对交易条件的要求。例如，己方可以接受和绝对不能接受的条件，以及具体的交易细节（如付款方式、交货期等）。

（2）知彼

买卖双方实力的强弱在很大程度上决定着双方议价能力的大小。一般来说，大客户或大供应商的议价能力较强。因此，谈判人员在报价前应做好细致的调查工作，判断对方的实力，以便在报价时采用相应的策略并报出合适的价格。

（3）知其他

“其他”泛指己方和对方以外的一切因素，如市场条件、同行竞争情况等。这些条件都关系着报价及后续的谈判策略。而要掌握这些条件，就要求谈判人员善于观察和学习，善于分析和总结。

2. 报价的原则

报价是一个比较复杂的环节，并非只是简单地提出一串数字，而是集中反映着谈判双方的需要与利益。大量的谈判实践表明，在报价时需要遵守以下几项基本原则。

（1）控制开盘价

谈判人员必须有效控制开盘价，如果己方是卖方，开盘价则一般为其希望的最高价。相应地，如果己方是买方，报出的开盘价必须是最低价。这是报价的首要原则。

谈判该如何开价

作为卖方，最初的报价实际上是为谈判的最终结果确定了一个最高限度。一般来说，卖方开盘价一经报出，则不能再提高，买方在此基础上进行还价后，最终成交价格通常要低于卖方开盘报价。

作为买方，最初的报价则为谈判的最终结果确定了一个最低限度。无特殊情况时，买方开盘价一经报出，则不能再降低，卖方经过讨价后，最终成交价格通常要高于买方开盘报价。

谈判小贴士

开盘价的高低会影响对方对己方的评价，从而影响对方的期望水平。例如，卖方报价的高低，一般不仅反映着产品的质量水平，还反映着该产品的市场竞争地位及销售前景等。买方会由此而对卖方形成一个整体印象，并据此来调整和确定己方的期望值。因此，谈判人员应综合考虑多方因素，合理控制开盘价。

（2）报价必须切合实际

报价的首要原则强调卖方报价为最高，买方报价为最低，但无论是报高价还是报低价，都必须控制在合理的范围内。

对于卖家来说，如果违背市场价格的普遍规律，漫天要价，则可能被对方质疑谈判的诚意，从而中止谈判；也可能面对对方针锋相对地提出的一个令己方无法接受的报价水平，还有可能被对方针对报价不合理的地方提出质疑，而如果己方无法给出合理解释，则可能被迫做出相应让步。相应地，如果买方报价过低，情况亦是如此。

因此，己方提出的开盘价既应服从于己方追求最高利益的需要，也要考虑对方能够接受的可能性。

（3）报价必须完整、清晰

报价时应该给出一套完整的报价而不仅仅是一个金额，这其中包括一系列有关交易的相关内容，如标的物价格、运输方式和支付方式等交易条件。如果报价不完整、含混不清，就可能会引起歧义，甚至误解，从而为今后的谈判制造障碍。

（4）报价必须自信、干脆

谈判人员进行报价时，必须对己方报价的合理性抱有充分的自信，这能够给对方留下一个良好的印象。而这种自信心源于对市场的准确把握、对己方产品的实际了解及对对方诚恳的态度。

同时，报价时必须准确而干脆，不得在对方未还价之前先否定自己的价格，以免给对方留下不诚实或业务不熟练的不良印象。只要不违背大的原则，即使报错了价格，也能在今后的谈判中想办法纠正或弥补。

（5）不对报价做主动的解释与说明

谈判人员对己方的报价一般不应附带任何解释和说明。如果对方提出问题，也只宜做出简单的回复。如果在对方提问前，就主动做出解释和说明，不仅不会增加对方对己方报价的可信度，还可能会被对方发现己方的弱点所在，从而找到进攻的突破口。

3. 影响报价的因素

在商务谈判中，报价的高低直接关系到谈判双方的利益分配。一般来说，报价的确定需要考虑以下几种因素。

（1）成本因素

成本即市场成本，一般是指产品从生产到交货的一切费用，具体包括生产该产品所需的原材料、劳动和管理费用，以及为购销该产品所耗费的调研费用、运输费用、广告费、关税、保险费、中间商的佣金等。

（2）产品需求因素

买方对产品的需求程度影响报价，对于其需求程度较高的产品，稍微提价有助于提高总收益。相反，对于买方需求程度较低的产品，提价可能导致需求量的减少，从而导致总收益减少。

（3）竞争因素

价格的确定不以个别成本为依据，而是取决于社会平均成本和平均利润，因此竞争因素也会影响产品价格，从而影响报价。如果市场上竞争者众多，竞争较为激烈，那么报价的取值范围就相对较小；反之，报价的取值范围则比较大。

4. 报价的形式

（1）书面报价

书面报价是指谈判人员以文字材料、数据和图表等书面形式，详尽地表述己方的交易条件及愿意承担的责任与义务的报价方式。

（2）口头报价

口头报价即谈判人员以口头形式提出自己的要求和愿意承担的义务。口头报价具有较大的灵活性和表现力，但通常难以将一些复杂的问题（如统计数字、计划图表等）表述清楚。

因此，在实际谈判中，谈判人员往往采用以书面报价为主，口头报价为辅的报价形式。

拓展阅读 TUOZHAN YUEDU

报价战术

目前，在商务谈判中，有两种比较典型的报价战术，即欧式报价和日式报价。在实际商务谈判中，谈判人员可根据对手的报价风格进行选择。

（1）欧式报价

欧式报价是从高往低走，其一般模式是先报一个原则性价格，留有一定余地，然后根据买卖双方的实力对比和该笔交易的外部竞争状况，通过给予各种优惠，如数

量折扣、价格折扣、佣金和支付条件上的优惠（如延长支付期限、提供优惠信贷等）来逐步软化和接近买方的条件，最终达成交易。

（2）日式报价

日式报价是从低往高走，其一般的做法是将最低价格列在价格表上，以低价吸引买方，使其产生兴趣。但实际上，这种低价格一般是以对卖方最有利的结算条件为前提条件的，与此低价相对应的各个方面都很难满足买方的全部需求。如果买方要求改变有关条件，卖方则会相应提高价格。因此，买卖双方最后成交的价格，往往高于价格表中的价格。

实际上，日式报价与欧式报价殊途同归，两者只有形式上的不同，而没有实质性的区别。一般而言，日式报价有利于竞争，欧式报价则比较符合人们的价格心理。

资料来源：https://wiki.mbalib.com/wiki/%E6%97%A5%E6%9C%AC%E5%BC%8F%E6%8A%A5%E4%BB%B7

5. 报价的次序

按照惯例，一般由卖方先报价。但出现以下几种情况时，也可改变报价次序。

- ✧ 如果谈判开局气氛较紧张，谈判双方预计谈判会出现激烈竞争的场面，双方可以采取“先下手为强”的策略。
- ✧ 如果己方的实力强于对方，或在谈判中处于相对有利的地位，那么己方先报价是有利的。
- ✧ 如果谈判双方有长久的、频繁的业务往来，且双方合作愉快，则无须过度关注报价次序。

实战演练

场景模拟：谈判开局

任务概述

在新学期实训室建设中，学院计划购进一批计算机。经初步接洽，学院有意从某科技公司采购。在收集了相关信息之后，学院决定与该科技公司进行谈判。

学生可以此为背景，分别代表学院与科技公司，进行开局阶段的模拟谈判。

任务分组

全班学生自由分组，每组 6～8 人，各组各自选出组长并由组长抽签决定本小组所代表的谈判方，然后各组进行任务分工，并将小组成员及分工情况填入表 6-1 中。

表 6-1　小组成员及分工情况

班级		组号		指导教师	
小组成员	姓名	学号	任务分工		
组长					
组员					

任务准备

（1）了解商务谈判开局的相关知识。

（2）设计模拟谈判的自我评价表。

任务实施

按照小组分工情况开展实践活动，并将具体的实施情况记录在表 6-2 中。

表 6-2　实施情况记录表

时间安排	实施步骤
	1．仿照项目 5“实战演练”实施情况，用记录表完成背景调查及谈判方案制订
	2．了解商务谈判开局的相关知识
	3．小组讨论，与对方协商谈判安排，确定谈判议程
	4．提前布置谈判场所

（续表）

时间安排	实施步骤
	5．进入正式模拟开局阶段 （1）见面寒暄，营造气氛 （2）陈述己方观点、态度和期望 （3）试探对方的谈判条件和目标 （4）选择恰当的方式进行报价 （5）______ （6）______
	6．结束谈判开局模拟，小组内进行讨论总结
	7．各组分别派一名代表对己方及对方的表现进行点评
	8．撰写商务谈判开局实训报告 （1）活动分工 （2）过程记录 （3）心得体会

评价反馈

各组配合指导老师完成如表 6-3 所示的考核评价表。

表 6-3　考核评价表

项目名称	评价内容	分值	评价分数		
			自评	互评	师评
成果评价（40%）	制订的谈判方案内容具体、具有可行性	10			
	代表点评认真、逻辑清晰	10			
	实训报告真实、言之有物并体现感悟	20			
技能评价（40%）	能够合理布置谈判场所	10			
	能够灵活运用谈判开局策略	15			
	能够有效开展谈判开局模拟	15			
素养评价（20%）	能够较全面地考虑问题	10			
	有较好的团队合作意识	10			
合计		100			
总评	自评（20%）+互评（20%）+师评（60%）=	教师（签名）：			

项目 7

商务谈判——磋商

项目导读

谈判双方进行陈述与报价后，商务谈判进入磋商阶段。围绕实质性内容进行谈判的磋商阶段是商务谈判的核心环节，也是最困难、最紧张的关键阶段。在此阶段中，谈判人员应善于运用讨价还价及让步的相关策略，排除谈判障碍，突破谈判僵局，解决谈判中出现的问题，力求最终达成合作。

学习目标

知识目标

- ✧ 了解讨价的方式与原则
- ✧ 熟悉还价的准备工作，掌握还价的起点、次数、时机及方式
- ✧ 熟悉让步的原则
- ✧ 了解让步的不同方式
- ✧ 了解谈判僵局的形成原因

技能目标

- ✧ 掌握讨价、还价的技巧，能够在商务谈判中灵活运用
- ✧ 掌握迫使对方让步的策略，能够在商务谈判中灵活运用各种策略，达到让对方让步的目的，维护己方利益
- ✧ 掌握突破谈判僵局的策略，能够在商务谈判中灵活运用以保证谈判顺利进行

素质目标

- ✧ 坚定“四个自信”，培养家国情怀，心系国家和人民
- ✧ 树立人类命运共同体理念

谈判现场

中日农机设备谈判

在上海某国际大厦内，中国一家公司与日本一家公司围绕进口农业加工机械设备进行了一场精彩的谈判。

谈判一开局，日方首次报价为 5 000 万日元。这一报价比中方预期偏高许多，于是，中方直截了当地指出：“不好意思，这个报价不能作为我们谈判的基础。”日方对中方如此果断拒绝感到震惊，他们分析，中方可能对国际市场行情的变化有所了解，因而己方的高目标恐难实现。于是，日方转移话题，介绍起产品的优点，以求采取迂回前进的方法来支持己方的报价。

中方对此表示：“不知贵国生产此种产品的公司有几家？贵公司的报价是想表明你方产品优于其他所有公司的产品吗？”中方点到为止的问话摧毁了日方“筑高台”的企图。日方顿时陷于答也不是、不答也不是的境地，但日方主谈人思考了片刻后，神色自若地问助手：“这个报价是什么时候定的？”其助手对此问话心领神会，答道：“以前定的。”于是日方主谈人笑着解释：“时间太久了，不知道这个价格是否有变动，我们需要请示一下总经理。”中方主谈人自然深谙谈判场上的这一手段，便主动提出暂停，给对方留出余地。

第二轮谈判开始后，双方首先漫谈了一段时间，调节了情绪，融洽了感情，创造了有利于谈判的友好气氛。之后，日方再次报价：“我们请示了总经理，又核实了一下成本，同意削价 800 万日元。”同时，他们夸张地表示这个降价的幅度是非常大的。中方认为日方削价的幅度虽不小，但离己方的要价仍有较大距离。慎重起见，中方一边电话联系，再次核实该产品在国际市场的最新价格，一边对日方的二次报价进行分析。

随后，中方还价 3 900 万日元。日方立即回绝，表示这个价格很难成交。中方坚持与日方探讨了几次，但没有结果。于是，中方主谈人向对方指出：“这次引进，我们从几家公司中选中了贵公司，这说明了我们合作的诚意。这一价格虽然比贵公司销往 B 国的价格低一点，但由于运往上海口岸比运往 B 国的费用低，所以总体利润并没有减少。除此之外，A 国、C 国也还等着我们的邀请。”

日方听后大为惊讶，他们坚持继续讨价还价的决心被摧毁了。正当日方举棋不定时，中方主谈人称赞日方谈判人员非常精明强干，在谈判中做出了很大的努力，但限于公司要求，中方不能再有让步的余地。日方再三考虑，最终同意以 3 900 万日元的价格成交。

思考

在这场农机设备谈判中，中日双方为谈判成交分别做了哪些准备，采取了哪些策略？

谈判课堂

任务 7.1 讨价还价

价格是商务谈判的核心，商务谈判的实质性磋商主要是围绕价格展开的。在谈判开始报价之后，谈判双方将进行讨价还价（见图 7-1）。这一过程也即双方相互磋商，使双方目标逐步接近的过程。

图 7-1　谈判双方讨价还价

7.1.1 讨价

讨价是指谈判一方首先报价之后，另一方认为价格条件离自己的期望太远，而要求报价方改变报价的行为。本质上，讨价就是否决对方报价的行为。

1. 讨价的方式

（1）总体讨价

总体讨价是指讨价方从总体出发，综合分析交易条件，运用策略改变报价方的理想目标，使其降低期望值，让其重新报价的讨价方式。总体讨价是笼统地提出要求对方改变报价的请求，常用于评估报价方报价之后的第一次要价。例如，在谈判对手报价之后，我们可以说：“贵方的报价离我方的期望值相差太远，没有达成交易的可能，贵方是否考虑重新调整报价？”

（2）具体讨价

具体讨价是指讨价方从交易条件中选择一项或多项内容，要求对方进一步改变报价的讨价方式。具体讨价常常用于报价方第一次改变价格后，或者当对方已做出让步，谈判气氛不适宜采用总体讨价时。例如，在报价方改变报价之后，可以说：“考虑到最近钢材价格较低，我方认为设备仍有一定的降价空间，不知贵方以为如何？”

2. 讨价的原则

（1）尊重对方，以理服人

谈判人员进行讨价和对对方的报价进行评论时，要本着尊重对方和以理服人的原则。讨价是还价的准备，是诱导对方主动降价，而不是强压对方降价，态度强硬、无视对方感受容易使谈判陷入僵局。此外，在讨价时，要注意说明己方讨价的理由，并指出对方报价不合理之处，使对方心服口服。

（2）随时观察，掌握次数

讨价时，谈判人员要注意观察对方的反应，推测其是否愿意考虑己方的要求。如果对方对己方的讨价爽快应允，那么不妨多讨几次价，力求达成对己方最有利的条件；如果对方对己方的讨价表示为难或一口回绝，那么就应考虑减少讨价次数。

3. 讨价的策略

在商务谈判中，常见的讨价策略主要有举证讨价策略和投石问路策略。

（1）举证讨价策略

举证讨价策略是指讨价方通过提出市场行情、对方成本、竞争者价格、产品的质量和性能、过去的交易惯例等有力证据来增加讨价力度，使对方难以抗拒，从而改变报价方报价的策略。值得指出的是，讨价方提出的证据必须实事求是，而且应是对方认同的或难以反驳的，切不可胡编乱造。

谈判典例

河北省一食品加工厂为了购买某种山野菜，与当地一家土特产公司进行谈判，其理想的成交价格是每千克山野菜18元。在谈判过程中，土特产公司第一次报价为每千克山野菜22元，并摆出一副非此价格不谈的架势。急需山野菜的食品加工厂代表并未表现出己方的着急，而是说：“市场的情况你们也清楚，今年山野菜整体价格回落，卖价不可能达到每千克 22 元，而且过去也未曾有过以 22 元成交的先例，希望贵公司能够提出更有诚意的报价。”

土特产公司代表表示：“我公司的山野菜质量上乘，因此，价格高一点是非常正常的。”食品加工厂的代表紧追不放：“那么，贵方知道当前市场上这种山野菜的价格吗？据我们调查，当前市场上最好的山野菜价格也不过每千克 19 元。因此，我方给出的报价每千克 18 元已经很高了，足以表示我们的诚意。”事已至此，土特产公司代表只好无奈地应道：“可以考虑。”最后，双方以每千克 18 元的价格成交。

（2）投石问路策略

投石问路策略是指讨价方提出多种假设条件下标的物的售价问题，使报价方考虑改变报价的策略。例如，讨价方提出的假设条件可为“假如我们的订货数量加倍或减半呢？”“假如我们可以与贵方签订更长期限的合同呢？”“假如我们以现金支付或分期付款呢？”等。

投石问路策略提出的假设不一定履行，更多的是用来探测报价方可承受的大致底价，从而掌握议价空间。

7.1.2 还价

还价是指在商务谈判中，谈判一方根据对方的报价和己方的谈判目标提出己方价格要求的行为。

1. 还价前的准备

还价并不是一种简单的提高或压低价格的行为，它必须建立在全面的市场调查基础之上。还价方应全面掌握标的物的当前市场供应和价格情况，以及未来一段时间内的变化趋势等，从而确保还价有理有据。

谈判人员在接到对方报价后，不应急于回复，而要弄清对方为何如此报价。即使己方确切明白对方为什么这么报价，还要尝试弄清其真正的期望值是多少。然后，将对方的意图与己方要求逐一进行比较，弄清双方分歧所在，并估算对方可能接受的价格范围，从而为确定还价方式和还价起点提供参考依据。

2. 还价的起点、次数和时机

（1）还价的起点

还价的起点是指第一次还价的价位。从买方的角度来说，还价太高有损于自身的利益，还价太低则显得缺乏诚意，从而不利于商务谈判的顺利进行。因此，确定还价的起点时应首先搞清楚标的物的当前市场价格，自己的报价必须低于（买方）或高于（卖方）此价格，从而为之后的讨价还价留下余地。

（2）还价的次数

在商务谈判中，一方面，卖方不可能很快接受对方的第一次还价；另一方面，讨价还价又不能无休止地进行下去，因此，双方必须考虑还价多少次为宜的问题。

一般来说，还价次数取决于谈判双方预定的成交价格的差距及讨价还价的难易程度。如果价格差距较大，说明对方报价“水分大”，那么，还价次数就要准备的多一些，以便逐步挤压对方，获得最大利益；反之，如果价格差距较小，说明对方报价“水分小”，那么，还价次数也应减少，从而使双方在较短时间内达成合作。

（3）还价的时机

还价以讨价为基础，还价的时机主要取决于讨价的结果。卖方在回应买方讨价要求，对报价做出改变后，会向买方提出还价的邀请。买方可根据卖方更改后的报价确定还价的时机。一般来说，还价的最佳时机应该是在对方对报价做了两三次更改之后。

3. 还价的方式

（1）总体还价

总体还价即一揽子还价，是指把谈判的各项条件集中在一起，按照一定百分比进行整体还价的还价方式。例如，“如果我方愿意全部引进贵方的设备，那贵方在总价上可以让步多少呢？”等。

（2）逐项还价

逐项还价是指筛选出与己方理想条件差距较大的谈判条件进行分别还价。例如，“我方认为贵方的大部分报价都可以接受，但是技术费、培训费和资料费的报价太不合理了。”等。

谈判典例

某公司代表团出国订购机器人玩具，他们找到日本最大的厂商询价，日方开价每台 350 美元，这一报价略高于该公司所掌握的国际市场价格。该公司提出能否再优惠一点，日方思忖片刻，提出可以降为 345 美元，并声明这是最低价了，否则将很难达成协议。

该公司随后提出能否通过增加购进数量而在价格上得到更大优惠。又一个难题摆在面前，日方反复计算成本与利润，然后表示在购货数量从 1 000 台增加到 1 500 台的基础上，可以每台 340 美元的优惠价成交。

在接下来的谈判中，该公司经过察言观色，发现对方倾向于用日元成交，于是立即表明自己的态度，希望用美元成交，如果对方坚持用日元成交的话，那只能按 338 美元折算成日元，因为当时美元有下跌趋势，日方对此没有异议。

接着，该公司又提出希望能针对部分条款做一些小的改动，即由该公司负责租船订舱和办理投保业务，运输、保险费另行计算。对此，日方表示要请示上级领导。谈判暂停再开始后，日方表示购进数量再增加 100 台方可同意该条款。该公司表示理解。最终成交后，该公司核算得出，该商品的实际进口成本不足 335 美元。

4. 还价的技巧

（1）吹毛求疵

吹毛求疵是指买方从谈判标的物的质量等方面进行百般挑剔，为己方还价寻找依据，从而使对方处于不利地位，动摇对方信心的还价技巧。对于买方的挑剔，缺乏耐心的卖方可能会选择通过让步来换得买卖合同的成立。不过，使用此技巧时应注意把握好分寸，不能过于严苛而引起对方反感。

（2）积少成多

积少成多是指买方将总体还价内容分解，一点一点进行还价的技巧。该技巧抓住部分人不计较微小利益的心理，可以慢慢地使对方接受己方的条件。

扫一扫

如何还价不吃亏

（3）最大预算

最大预算技巧是指买方一方面表现出对卖方商品、报价的极大兴趣，另一方面又表示己方受最大预算的限制，从而迫使对方接受己方还价的技巧。不过，使用最大预算技巧时应该注意选择好时机，一般来说，在对方成交意愿最强的时候可使用该技巧。

任务 7.2 让 步

商务谈判中的让步是指谈判一方向对方妥协，降低己方的利益要求，向对方期望的目标靠拢的行为。在商务谈判中，让步是必要的，如果谈判双方都坚持自己的意见，不做出让步，则永远也达不成协议。

7.2.1 让步的原则

虽然让步并非谈判失败的表现，但通常意味着某种利益的牺牲。因此，谈判人员在进行让步时，必须坚持以下原则。

1. 目标价值最大化原则

在商务谈判中，谈判双方通常会有多项目标。当双方的多项目标之间都存在冲突时，谈判人员就应该把己方的多项目标依照重要性和紧迫性进行排序，优先解决重要和紧迫的目标，在条件允许的前提下，适当争取其他目标。该原则的意义在于保护重要目标价值的最大化，如价格、付款方式等。

2. 刚性原则

在商务谈判中，谈判双方在寻求己方目标价值最大化的同时，也需要对己方的最大让步价值有所准备。这就是让步的刚性原则。具体来说，让步的刚性原则包括两点：第一，不轻易做出让步；第二，对重要问题的让步必须严格控制。

3. 时机原则

时机原则是指谈判人员应在恰当的时机做出适当的让步。一般来说，当对方没有表示任何让步的可能时，让步也不会给己方带来利益。如果让对方首先做出让步，然后己方再做让步，更有利于己方谈判人员掌握主动权。

4. 清晰原则

清晰原则是指谈判人员对让步的前提、对象、理由、具体内容和实施细节都应清楚明确，避免因让步产生新的问题和矛盾。例如，己方对让步的方式、内容表达不明确，使对方不能明确感受到己方已做出让步，认为己方在含糊其词等。

5. 弥补原则

由于每一次让步都包含着己方部分利益的损失，所以谈判人员必须清楚让步的目的，不做无谓的让步。弥补原则是指己方在做出让步时，必须同时提出让步前提或条件，确保己方让步能收到一定的效果。例如，在商务谈判中，己方同意降价后，可以提出对方必须付现款等。

谈判小贴士

在商务谈判中，谈判人员不能轻易向对方承诺己方会做出同等幅度的让步，因为即使双方让步幅度相当，也并不意味着得到同等的利益。

7.2.2 让步的方式

假设在一场商务谈判中，一方预计让步的总额为 100 元，让步四次则共有五种不同的让步方式，如表 7-1 所示。

表 7-1　五种不同的让步方式

序号	预定让步值（元）	第一步（元）	第二步（元）	第三步（元）	第四步（元）
1	100	0	0	0	100
2	100	25	25	25	25
3	100	5	25	30	40
4	100	100	0	0	0
5	100	40	30	20	10

第一种让步方式的特点是在谈判的前期阶段态度强硬、丝毫不让步。该方式会在开始时给人一种没有商量余地的感觉，一般只有在对方比较软弱时才会奏效，但其更可能使对方觉得己方没有谈判诚意，从而使得谈判破裂。因此，应谨慎使用该让步方式。

第二种让步方式的特点是定额让步，每次 25 元。该方式会刺激对方的欲望，让其认为后面还有很多个 25 元。而一旦停止让步，则很难说服对方，容易导致谈判破裂。

第三种让步方式的特点是每次的让步幅度都比前一步的让步幅度更大，这会使对方相信己方会做出越来越大的让步，容易造成谈判僵局。

第四种让步方式在谈判一开始就将自己的底线和盘托出，断送了己方讨价还价的资本，丧失了退让的余地，在任何谈判情况下都不宜采用。

第五种让步方式是较理想的方式，其特点是既做出了稳妥的让步，向对方表明己方希望成交的愿望，又一步一步收缩己方的让步幅度，告诉对方己方的利益空间越来越小，让对方不再抱有不切实际的幻想。这是商务谈判中最常用的让步方式。

总体来说，在商务谈判中，谈判人员应该认真考虑标的物的特性、市场需求状况、谈判策略、客观环境等，控制让步的次数、步骤与程度，避免过多、过快地让步。

谈判问答

在商务谈判中，部分谈判人员会对逼迫对方让步感到不好意思，好像有一种负罪感，你如何看待这种想法？

7.2.3 使对方让步的策略

在商务谈判中，谈判对手并不会积极主动地提出让步。为了使己方的利益最大化，精明的谈判人员应该善于运用一些策略迫使对方做出让步。迫使对方让步的策略主要有以下几种。

1. 软硬兼施策略

如何对付谈判中的“黑脸白脸”战术

软硬兼施策略也称黑脸白脸策略，是指在谈判人员的角色搭配及手段的运用上软硬相间，刚柔并济。在谈判中，由一名谈判代表“唱黑脸”，提出苛刻的条件和要求，给对方施加压力，当谈判气氛变得紧张时，再由其他谈判代表“唱白脸”，向对方表示友好或予以抚慰，缓解谈判气氛，以获得对方的让步。

谈判典例

美国大富翁霍华·休斯为了大量采购飞机，亲自与某飞机制造厂的代表谈判。霍华·休斯性情古怪，脾气暴躁，提出了 34 项要求。谈判双方各不相让，充满火药味。

后来，霍华·休斯派他的私人代表出面谈判。没想到私人代表满载而归，竟然谈成了34项要求中的30项，其中还包括11项霍华·休斯认为很难达成的。霍华·休斯很满意，问私人代表是如何取得这样大的收获的。私人代表说：“那很简单，每当谈不拢时，我都问对方‘您到底希望与我解决这个问题？还是留着让霍华·休斯跟您解决？’结果，对方就接受了我的众多要求。”

2. 虚张声势策略

虚张声势策略是指在谈判开始时提出一些并不期望能够实现的过高要求，从而动摇对方的内心，迫使其修改己方期望，降低己方目标和要求的策略。例如，某焊接设备生产商向某公司推销其产品，首先报价一套设备 40 万元，并声明这是考虑到初次交易而出的优惠价，公司代表进行讨价还价之后，生产商代表将报价逐步降到 27 万元，双方最终以 27 万元成交。而实际上，生产商以往也以二十几万元的价格多次出售过该种设备，他们报价 40 万元不过是虚张声势罢了。

3. 制造竞争策略

制造竞争策略是指不经意地透露出己方有其他谈判对象，使对方感受到压力，从而迫使对方让步的策略。

谈判典例

一位律师想重新装修公司会议室的地面和墙壁，于是找了一位装修工人，向他讲了装修的基本要求，并问他能否按要求做好。工人很有信心地告诉律师，绝对没有问题，然后要价6 500元。律师和他讨价还价了一会儿，工人让步了500元之后就不肯再让步了。

那天律师的一位朋友小林因为有法律方面的问题请教他，正好在他的办公室。律师从会议室出来，向从事谈判咨询和培训工作的小林寻求帮助。

小林走进会议室问工人："按照我们刚才讲的要求做好，一共多少钱？"

工人回答："全部做好6 500元，优惠500元。"

小林说："告诉我你愿意做的最低价格是多少？"

工人回答道："这已经是最低价了，再低我就赚不到钱了。"

小林说："好吧，把你的价格写在自己的名片上给我，回去等我电话吧。实话告诉你，你是第一个来的人，过一会儿还有两个人过来。在你出去之前，你可以仔细再算一遍价格，然后把最低价格写下来。今天是星期五，如果明天上午接到我的电话，你就过来做。如果没有接到我的电话，你就不用来了。"

工人停顿了一下，说道："那我再算一遍吧。"大约过了三分钟，工人告诉小林："老板，就5 500元吧，再低真不能做了。"

小林说："好吧，你把价格写下来就可以了。"然后他接过工人递过来的名片看了看，上面写着：最低价5 200元。

4. 各个击破策略

一支谈判团队的成员之间必然存在理解力、经验和意见等方面的差异。各个击破策略即指利用对方谈判人员之间的不一致来分化对手，重点突破，从而使其让步的策略。其具体做法是，把对方谈判团队中持有利于己方态度的人员作为重点，以各种方式给予支持和鼓励，与之结成一种暂时的同盟，对不利于己方的人员则态度强硬。只要对方团队中的某一成员有所松懈，争取对方让步的可能性便大大增加。此外，该策略也容易导致对方谈判团队成员间相互猜疑，有利于瓦解对方的战斗力。

5. 最后期限策略

在谈判开始时，一方可提出谈判结束的最后时间节点，通常对方会表示同意但并不会过度关注。随着这个期限的逐渐迫近，提出期限的一方可不断暗示和表明立场，对方内心的焦虑在此时会不断增加。如果对方对成交抱有很大期待，并且双方大部分议题已经完成，最后期限策略的使用可以促使对方再让步，然后及时签约。

任务 7.3　突破僵局

在商务谈判过程中，谈判双方往往会由于某种原因而形成对峙，使谈判呈现出一种不进不退的境地。我们把这种谈判搁浅的情况称为谈判僵局。谈判僵局的出现对谈判双方的利益和情绪都会产生不良影响，因此，双方应积极探究谈判僵局形成的原因，寻找解决的方案并进行妥善处理。

7.3.1　谈判僵局的形成原因

在谈判过程中，任何主题都有可能形成分歧与对立，僵局随时都可能发生。总体来说，造成谈判僵局的原因主要有以下几个。

1. 立场观点的争执

在谈判过程中，如果谈判双方对某一问题的意见出现分歧，那么越是各自坚持自己的立场观点而排斥对方的立场观点，双方之间的分歧就会越大。这时，双方真正的利益需求被这种表面的立场之争所掩盖，谈判就变成了一种意志力的较量。当冲突和争执激化，双方互不相让时，便会出现僵局（见图 7-2）。

图 7-2　谈判双方出现争执

2. 信息沟通障碍

谈判过程是一个信息沟通的过程，只有双方信息实现正确、全面、顺畅的交换，才能互相深入了解，才能正确把握和理解对方的利益和条件。但由于谈判双方在谈判时大多通过口头语言来进行交流，而双方人员的背景、理解能力和出发点或多或少会存在差异，所以在交流时常常会出现信息传递失真的情况，从而使双方之间产生误解或对立情绪，进而使谈判陷入僵局。

拓展阅读 TUOZHAN YUEDU

由于误解造成的僵局

误解是指谈判人员对对方讲话的本意理解错误的行为。当遇到某些语言高手或极善“外交辞令”的谈判对手时，就很容易犯误解错误。这类谈判人员善于营造谈判

气氛，极少与对手形成尖锐的对立，他们在论述立场时，注重态度和表述方式，严格隐蔽立场。对这类谈判对手的讲话，要认真领会，否则易因产生误解而使谈判陷入僵局。下面对一些容易产生误解的表述进行解读。

（1）“我听得很明白，贵方的论述没有问题。”

解读：“听明白”不等于我同意；“论述没问题”不等于贵方条件没问题。

（2）“贵方的条件很吸引人，我相信我的上司一定会感兴趣。”

解读：“贵方的条件很吸引人”，但该条件不一定合乎我方要求；“我的上司一定会感兴趣”，但不一定会接受。

（3）“我愿意考虑贵方的建议。”

解读：“愿意考虑贵方的建议”，不是说接受贵方的建议，考虑的结果并不明确。

（4）“如果贵方的条件在某点上能加以改进，会更加令人感兴趣。”

解读：“贵方的条件在某点上能加以改进”的确会更加吸引人，但并不等于仅凭这一点改进就能解决谈判中存在的问题。

资料来源：文腊梅. 商务谈判实务［M］. 北京：电子工业出版社，2017.

3. 谈判人员言行不当

谈判人员对问题的理解受其专业知识、职业习惯等多方面因素的影响，往往具有主观性和片面性。如果谈判人员对所商议的议题表现出强烈的个人感情色彩，提出一些不符合逻辑的意见，易引起对方不满，导致谈判陷入僵局。

此外，谈判桌上有时还会出现一些谈判人员对对手有偏见，不喜欢对手的个性，从而出现一些不当言行，处处为难对手，导致双方产生不愉快，使谈判陷入僵局。

4. 偶发因素的干扰

在进行商务谈判的过程中，可能会出现一些偶发情况。当这些情况涉及某一谈判方的利益时，谈判就可能会因这些偶发因素的干扰而陷入僵局。例如，在谈判期间外部环境发生突变，谈判一方如果按原有条件谈判就会蒙受较大的利益损失，于是会推翻已做出的让步，这时就会导致对方的不满，使谈判陷入僵局。

谈判典例

2017 年，河北省一纺织公司准备与某服装公司进行为期 15 年的合作生产，双方初次谈判时就合作的大部分事宜都达成了一致意见，约定第二次谈判就细节问题进行协商，然后签订合同。但是在第二次谈判前，多种布料的市场价格突然变化，按照双方初次洽谈的价格签约，服装公司将面临近 20 万元的损失。

服装公司对已做出的承诺不便食言，又无意签约，于是采取了拖延战术，从而使谈判陷入了僵局。

7.3.2 谈判僵局的预防

谈判双方利益的冲突和分歧是客观存在的。为避免双方冲突升级，出现谈判僵局，谈判人员应掌握一定的预防技巧。

1. 从赞同的观点入手

谈判人员在遇到冲突发生时，要从双方合作的大局出发，尽量保持友好的气氛，设法从对方的异议中找出某些可以赞同的观点，并对这些观点进行拓展，在此基础上继续磋商。切忌与对方激烈争论，不然只会使问题更加恶化。

2. 换位思考

谈判双方有效沟通的重要方法之一就是要站在对方的立场上，设身处地从对方的角度来思考问题。在谈判过程中，如果能够进行换位思考，或者设法引导对方站在己方的立场来思考问题，就能够增进彼此的理解。这对于消除分歧和误解，构筑双方都乐于接受的方案是积极有效的。

3. 不在枝节问题上较真

谈判人员要注重全局利益，把注意力放在重要问题上，而不要因为一些枝节问题甚至与谈判毫无关系的问题产生冲突。谈判的目的是达成协议，而不是说服对方。因此，谈判人员要多关注己方的利益，而不是片面地坚持己方的立场。

7.3.3 谈判僵局的破解

谈判僵局的发生或持续会给谈判双方带来极大的压力，甚至导致谈判破裂。因此，掌握谈判僵局的突破策略就显得尤为重要。常见的打破僵局的策略有以下几种。

1. 暂避分歧，转移议题

当谈判陷入僵局，经过协商而毫无进展，谈判气氛低迷时，谈判人员可以换一个新的议题与对方谈判，当其他议题经过谈判达成一致之后，就会对有分歧的议题产生正面影响，此时再谈陷入僵局的议题，气氛会有所好转，双方思路会变得开阔，问题的解决便会比以前更容易。

谈判僵局的破解

2. 暂时休会，静候反思

当谈判双方争执不下、言辞激烈、情绪将要失控时，谈判人员应及时地协商休会，暂停交流活动，各自冷静。在休会期间，双方谈判人员都有机会反思己方先前的决定与判断，

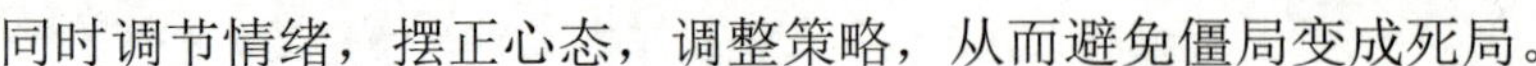

同时调节情绪，摆正心态，调整策略，从而避免僵局变成死局。

3. 尊重事实，关注利益

当谈判双方由于主观认识的差异而进行激烈争辩时，谈判人员应该试着重新审视分歧，客观评价双方的立场和条件，引导对方和己方一起对谈判僵局所可能引起的消极结果进行细致剖析，充分考虑对方的利益要求，认真冷静思索己方如何才能比较理想地实现目标。

4. 审时度势，及时换人

很多时候，谈判僵局是因谈判人员的冲突而产生的。这种冲突可能是由于谈判人员能力、态度、言行的欠缺或不当而引起的，也有可能是为了谈判战术的需要而故意安排的。无论出于哪种原因，都应及时更换与对方产生冲突的谈判人员，以对谈判对手表示友好，从而缓和紧张气氛，避免僵局的恶化。

5. 以硬碰硬，据理力争

当对方故意制造僵局或在一些原则问题上表现得蛮横无理时，己方要以坚决的态度据理力争，明确拒绝对方的不合理要求，揭露对方故意制造僵局的不友好行为。揭露对方某些人的不合作态度或恃强凌弱的做法，从对方的漏洞中借题发挥、发起反击，往往可以使对方有所收敛，放弃不合理的要求，主动合作。

6. 孤注一掷，背水一战

当己方认为自己的条件是合理的，已经无法再做让步，而又没有其他可以选择的方案时，可以采用孤注一掷、背水一战的策略。实施该策略时，可将己方条件摆在谈判桌上，明确表示己方已无退路，希望对方能做出让步，否则情愿接受谈判破裂的结局。打算采用该策略时，己方必须做好最坏的打算，做好承受谈判破裂的心理准备。如果对方珍惜这次合作机会，有可能选择退让的方案，使僵局打破。

谈判典例

2018年9月，上海一公司购买了某大厦的一层楼作为公司的新办公室。该公司总经理认为原有装修过于陈旧，于是计划邀请设计师重新设计。

9月底，该公司委派代表与国内某知名设计师就设计方案进行谈判。设计师对设计费用报价230万元。对这一报价公司代表一口回绝。设计师则回应道："据我了解，一般在上海的设计价格为每平方米1 200元，按照这一标准计算的话，整层的设计费用约为200万元，230万元是我能给出的最优惠的价格了。"

公司代表还价200万元，但设计师坚持自己最初的报价。于是，谈判陷入僵局。公司代表为缓和气氛，解释道："公司只授权我200万元的签约权限，您的要价超出了我的权力范围，我必须请示我的上级。"

经过请示，该公司同意支付 215 万元，但设计师仍认为这一价格他无法接受。公司代表一听，表情变得严肃起来：“215 万元是我方综合考虑双方利益后积极争取到的结果，这也是非常合理的价格，我方已经不能再提价了。如果您坚持这样的态度，那我们也没有继续谈下去的必要了。”设计师听后犹豫了片刻，随后同意了 215 万元的价格。

实战演练

社会实践：购物中的讨价还价

任务概述

尽管电子商务的快速发展对线下的各类实体经济造成了较大的冲击，但“体验为先”的销售与服务使得实体店仍然存在较大发展空间，部分商场内也仍然保有可自由讨价还价的实体店铺。

请分小组对本市可自由讨价还价的商场进行考察，选择一家实体店，与卖方讨价还价，重点体会讨价还价技巧和突破谈判僵局策略的使用，并做好记录。

任务分组

全班学生自由分组，每组 4～5 人，各自选出组长并进行任务分工，将小组成员及分工情况填入表 7-2 中。

表 7-2 小组成员及分工情况

<table>
<tr><td>班级</td><td></td><td>组号</td><td></td><td>指导教师</td><td></td></tr>
<tr><td>小组成员</td><td>姓名</td><td>学号</td><td colspan="3">任务分工</td></tr>
<tr><td>组长</td><td></td><td></td><td colspan="3"></td></tr>
<tr><td rowspan="4">组员</td><td></td><td></td><td colspan="3"></td></tr>
<tr><td></td><td></td><td colspan="3"></td></tr>
<tr><td></td><td></td><td colspan="3"></td></tr>
<tr><td></td><td></td><td colspan="3"></td></tr>
</table>

任务准备

（1）对商务谈判磋商内容有一定了解。

（2）掌握一定的沟通技巧。

任务实施

按照小组分工情况开展实践活动，并将具体的实施情况记录在表 7-3 中。

表 7-3 实施情况记录表

时间安排	实施步骤
	1．了解商务谈判磋商的相关知识
	2．选择一家商场进行实地考察，小组讨论，确定开展活动的实体店
	3．记录卖方的地址、主营业务和商品的基本信息
	4．向卖方询价，记录卖方的报价
	5．与卖家进行多次讨价还价，记录双方的言语交锋过程和过程中价格的变化

（续表）

时间安排	实施步骤
	6. 制造谈判僵局，并想办法解决该僵局
	7. 各小组选择一名代表在课堂上简要叙述活动过程并总结经验
	8. 各组撰写并提交一份实训报告

评价反馈

各组配合指导老师完成如表 7-4 所示的考核评价表。

表 7-4　考核评价表

项目名称	评价内容	分值	评价分数		
			自评	互评	师评
成果评价（30%）	代表叙述认真、逻辑清晰	10			
	实训报告真实、言之有物并体现感悟	20			
技能评价（40%）	能够合理选择谈判对象	10			
	能够灵活运用讨价还价的技巧	15			
	能够有效开展谈判磋商实践	15			
素养评价（30%）	能够较全面地考虑问题	10			
	有较好的团队合作意识	10			
	勤于思考，善于总结	10			
合计		100			
总评	自评（20%）+互评（20%）+师评（60%）=	教师（签名）：			

项目 8

商务谈判——结束

项目导读

经过开局、报价、讨价还价等步骤后，谈判双方的意见基本达成一致时，谈判就进入了最后阶段——结束阶段。在此阶段，谈判人员必须正确判定结束谈判的时机，运用好结束的策略，以促进合同的签订。此外，签约结束后，谈判双方也应对后续工作中可能出现的问题有所准备，从而保证己方利益，并为今后的谈判积累经验。

学习目标

知识目标

- ✧ 熟悉谈判结束的方式
- ✧ 明确订立商务合同的基本原则
- ✧ 了解商务合同的基本构成
- ✧ 熟悉签订商务合同的基本步骤
- ✧ 明确成交的后续跟进工作

技能目标

- ✧ 能够辨识谈判成交时机
- ✧ 能够根据谈判场景和对手情况灵活运用促成交易的策略
- ✧ 掌握处理合同争议的方法，能够根据不同情况正确处理合同争议

素质目标

- ✧ 培养诚信意识，做到言必行，行必果

谈判现场

日航在最有利的价位上一锤定音

日本某航空公司决定从美国麦道公司购买 10 架新型麦道客机，其指定常务董事担任领队，财务经理为主谈，技术部经理为助谈，由 3 人组成谈判小组去往美国洽谈购买事宜。

日航代表飞抵美国稍事休息后，即接到麦道公司的来电，双方约定第二天在麦道公司会议室开启谈判。第二天上午，3 位日航代表仿佛还未消除旅途的疲劳，行动迟缓地走进会议室。麦道公司主谈把日航代表的疲惫视为可乘之机，在开门见山地重申双方购销意向之后，迅速把谈判引入主题。

从 9 点到 10 点，3 架放映机相继打开，字幕、图表、数据和航行画面应有尽有，麦道公司代表欲使日航代表相信麦道飞机性能和定价都是无可挑剔的。孰料日航三位谈判代表自始至终皱紧眉头，默默地坐着。麦道公司主谈不解地问："贵方难道有什么不明白的吗？"日航主谈笑了笑，回答道："这一切……"

麦道公司主谈急切地追问："这一切是什么意思？能不能具体说明你们从什么时候开始不明白的？"

日航助谈一脸歉意地说："不好意思，从拉上窗帘的那一刻开始。"日方主谈随之咧咧嘴，用连连点头来表示同意同伴的说法，并说道："我们不是太理解，你们可以重放一次吗？"

麦道公司代表别无选择，只得照办，但他们在重复那 1 个小时的介绍时，已经失去了最初的热忱和信心。

谈判进入交锋阶段，日航代表忽然显得听觉不敏、反应迟钝，似乎很难甚至无法明白麦道公司代表在说些什么。这让麦道公司代表十分恼火，早已准备好的论据和推理根本毫无用处，精心选择的说服策略也无用武之地，于是他们直截了当地把球踢向对方："我们飞机的性能是最佳的，报价也是合情合理的，贵方对此价格有什么异议吗？"

这是一笔价值数亿美元的交易，还价应按国际惯例取适当幅度，日航主谈却故意装作全然不知，一开口就要求削价 20%。麦道公司主谈听了不禁大吃一惊，但是为了表示诚意，便说道："我们可以削价 5%。"

双方期望的价格差距非常大，且都竭力为己方期望的价格陈述了众多理由。短暂的沉默后，日航代表第二次还价削价 18%，麦道公司主谈表示最多 6%，于是双方又开始相互辩驳，尽管口干舌燥，可谁也没有说服谁。麦道公司主谈此时对成交已不抱太大希望，开始失去耐心，提出休会："我们双方在价格上距离很大，有必要为成交寻找新的方法。贵方如果同意，两天后我们双方再谈一次。”

两天后，谈判重新开始，日航代表要求削价 12%；麦道公司只同意削价 7%，谈判又陷入僵局。一段长时间的沉默后，麦道公司的主谈已无意谈判，开始收拾文件。恰在此时，日航主谈突然说道：“贵方对新型飞机的介绍令我们非常感兴趣，如果你们同意降价 9%，我们现在就起草购买 11 架飞机的合同，比原有数量增加一架，怎么样？”说完他笑吟吟地起身，把手伸向麦道公司的主谈。

麦道公司的谈判代表们也笑了，起身和三位日航代表握手：“同意！祝贺你们用最低的价钱买到了世界上最先进的飞机。”事实的确如此，日航代表把麦道飞机价格压到了前所未有的低价位。

思考

日航谈判代表在正式谈判中的表现是出于什么考虑？他们是如何控制谈判进程及确定谈判结束时间的？

谈判课堂

任务 8.1 选择结束策略

谈判的结束阶段是指谈判双方就交易条件中的各项条款进行多次洽谈与磋商后，使谈判终结的时间段。谈判人员应当正确判断谈判是否已经进入结束阶段，并合理选择结束的策略。

8.1.1 谈判结束的契机

谈判结束的契机即谈判结束的最佳时机。一般来说，表明谈判进入结束阶段的标志有以下几个。

1. 接近谈判期限

在谈判之初，双方会一起确定整个谈判所需要的时间，并按照约定的时间安排谈判进程。当谈判已接近规定的时间时，自然进入谈判终结阶段。

2. 达到谈判基本目标

经过实质性的磋商阶段，谈判双方都做出了让步。此时，谈判人员甚至亮出此次谈判的“底牌”。如果谈判双方都确定在主要问题上已经基本达到了目标，所剩的分歧只占很小的数量，谈判成功就有了十分重要的基础。换句话讲促成交易的时机已经到来，也即谈判进入结束阶段。

3. 出现交易信号

在谈判将要进入到结束的阶段时，谈判人员可能会发出某种信号。不同的谈判人员实际使用的信号形式是不一样的，通常有以下几种。

（1）谈判人员用总结性语言表明立场

当谈判快要结束时，谈判人员开始用总结性语言表明各自的立场，双方的谈话中可能表达出一定的承诺意愿。例如，谈判一方主谈人提出：“通过这么久的共同努力，我们双方在大多数问题上都基本达成了一致，现在就剩下一些小问题没有解决了。我相信只要我们双方本着互利互惠的原则，珍惜这来之不易的机会，成功合作是可以期待的。”

（2）谈判人员提出明确而完整的建议

在谈判的开局与磋商阶段，双方通常是在试探对方的底线，不会对任何问题做出结论性的提议。而当谈判即将进入结束阶段时，谈判人员会提出明确、完整的建议，并会暗示如果其建议不被接受，谈判则可能破裂。

（3）谈判人员坚定果断

谈判人员在阐述自己的立场、观点时，表情不卑不亢、严肃认真，同时坐直身体，两眼紧紧盯住对方，语调及神态完全表现出一种最后决定的架势。在回答任何问题时都很简单，常常只回答一个字“是”或“否”，很少谈论论据，以此表明谈判已到最后阶段，已没有讨价还价的余地。

8.1.2 谈判结束的方式

谈判结束的方式主要取决于整个谈判过程中双方达成一致意见的程度，也取决于谈判双方对结果的不同要求。一般来说，商务谈判的结束方式有成交、破裂和中止三种。

1. 成交

成交即谈判双方达成协议，交易得以实现（见图 8-1）。成交的前提是双方对交易条件经过多次磋商达成共识，对全部或绝大部分问题没有实质上的分歧。成交方式是双方签订具有高度约束力和可操作性的协议书，为双方的商务交易活动提供操作原则和方式。

图 8-1　谈判双方成交

2. 破裂

破裂是指谈判双方经过磋商仍无法达成一致意见或签订协议，从而结束谈判。谈判破裂的前提是双方经过多次努力之后，没有任何磋商的余地，至少在谈判范围内的交易已无任何希望，谈判再进行下去已无任何意义。依据谈判双方的态度，谈判破裂可分为友好破裂和对立破裂。

（1）友好破裂

友好破裂是指双方互相体谅对方面临的困难，讲明难以逾越的实际障碍而友好地结束谈判的做法。在此过程中，双方态度始终是友好的，能充分理解对方的立场和原则，能理智地承认双方在客观利益上的分歧，对谈判破裂抱着遗憾的态度。谈判破裂并没有使双方关系破裂，反而因充分的了解和沟通，产生了进一步合作的愿望，为今后双方再度合作留下可能的机会。

（2）对立破裂

对立破裂是指谈判双方或单方在一种极度不满、不冷静的情绪中结束谈判的做法。对立破裂不仅不会达成任何协议，而且会使谈判双方关系恶化，阻碍今后的再次合作。

谈判典例

A 公司代理 B 工程公司与 C 公司谈判出口工程设备的交易。C 公司根据其报价提出了建议，希望对方考虑 C 公司所在国家的市场实际情况，然后改变价格。A 公司做了一番解释后仍不降价并说明其委托人的价格是如何合理。

C 公司对其条件又做了分析，A 公司再做解释，一上午下来毫无结果。C 公司认为对方过于傲慢、固执，A 公司认为 C 公司毫无购买诚意且理解能力弱。双方相互埋怨之后，谈判不欢而散。

3. 中止

中止是谈判双方因为某种原因，未能达成全部协议，而由双方约定或单方要求暂时停止谈判的方式。造成谈判中止的原因有：双方对客观因素无法控制、双方无交易热情、谈判策略选择不当及谈判人员的工作出现疏漏等。一般来说，谈判中止包括有约期中止和无约期中止。

（1）有约期中止

有约期中止是指谈判双方在中止谈判时对恢复谈判的时间予以约定的中止方式。例如，谈判双方认为成交价格超过了原定计划，或者让步幅度超过了预定的权限，尚需等上级部门的批准，在现阶段难以达成协议，但双方具有成交的意愿，于是经过协商，一致同意中止谈判，等到双方获得权限后，在几天后恢复谈判等。这种中止是一种积极的中止，它的目的是促使双方创造条件最后达成协议。

（2）无约期中止

无约期中止是指谈判双方在中止谈判时对恢复谈判的时间无具体约定的中止方式。在谈判中，由于双方交易条件差距太大或交易面临特殊困难，而双方又有成交的需要而不愿使谈判破裂，于是中止谈判。例如，国家政策或经济形势突然发生了某种重大变化，或者某一方突然出现了重大人事变动、政策调整等，都将导致谈判双方难以约定恢复谈判的具体时间，只能表述为“一旦形势许可”“一旦政策允许”等，然后择机恢复谈判。这种中止是一种被动式中止，双方均出于无奈，其对谈判最终达成协议会造成一定的干扰和拖延。

拓展阅读 TUOZHAN YUEDU

商务谈判的可能结果

商务谈判的可能结果主要有以下几种：

（1）达成交易并改善了关系。双方谈判目标顺利完成，并且实现交易，双方关系在原有基础上得到增强，为今后进一步的合作打好了基础。这是最理想的谈判结果，既实现了眼前利益，又为双方长远合作奠定了良好的基础。

（2）达成交易但关系没有变化。双方达成交易，力求此次交易能实现各自的利益，双方没有刻意追求建立长期合作关系，也没有太大的矛盾造成不良后果。

（3）达成交易但关系恶化。双方虽然达成交易，但都付出了一定的代价，双方关系遭到一定的破坏。这种结果从眼前利益来看是不错的，但不利于今后的长期合作。

（4）没有成交但改善了关系。这为双方以后的成功合作奠定了良好的基础。

（5）没有成交且关系没有变化。这种谈判没有取得任何结果，也没有造成任何不良后果，双方在谈判中没有做出有效的让步，也没有发生激烈的辩论，双方关系在今后的合作中有可能进一步发展。

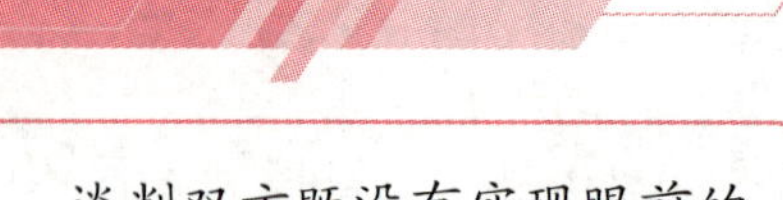

（6）没有成交且关系恶化。这是最差的谈判结果，谈判双方既没有实现眼前的实际利益，又对长远合作关系造成了不良影响。

资料来源：陈文汉，甄冰．商务谈判实务［M］．北京：人民邮电出版社，2019.

8.1.3 促成交易的策略

虽然谈判不一定都能成交，但在谈判的结束阶段，谈判人员可以采用多种策略推动谈判进程，促进交易成交。

1．主动暗示策略

主动暗示策略是指在条件基本成熟时，谈判一方主动向对方做出直接或间接的暗示，然后促使对方签约的策略。在此过程中，主动方需要把自己摆在一种似乎不可动摇的位置上，尽量使用带有结论性的语言。例如，“这是我们做出的最后让步，贵方是接受还是不接受呢？”“希望贵方不要错过这次机会，现在订货，我们可以在本月内交货。贵方需要多少数量的货物？”等。

2．提供选择策略

提供选择策略是指通过提供两种或两种以上的不同选择，引导对方选择成交方案的策略。采用这种策略的目的是通过把成交的主动权交给对方，来促使对方消除疑虑，下定决心结束谈判。运用提供选择策略，可以在不损失己方基本利益的前提下为对方提供各种不同条款的选择方案。例如，“你们需要 200 台冰箱还是 300 台？”“你们是想要即时付清货款，商品单价 400 元，还是延期两个月付款，商品单价 420 元？”等。

3．利益劝诱策略

利益劝诱策略是指谈判一方通过许诺对方某种利益来催促对方结束谈判并成交的策略。例如，“如果现在签约，我方可以给贵方在现有总价上 2%的价格折扣，还可以提前送货。”“如果我们能够达成协议，我方可提供样品试用。”等。

运用利益劝诱策略时，需要注意这种利益的许诺是与最后的成交紧密联系的，且有一定的限度，不会让对方感受到还有讨价还价的余地。

4．分析机会策略

分析机会策略是指谈判一方为对方分析签约与不签约的利害得失，并强调现在是签约有利时机的策略。例如，“物价即将上涨，如果贵方拖延时间，不尽早购入所需的产品，以后再想以这个价格购买产品，可能性就不大了。”“如今我国的投资环境还比较宽松，以后就不一定了。如果错过现在的投资良机，这对我们双方来说，都将是一大损失。”等。

5. 诱导表达策略

诱导表达策略是指谈判一方在对方犹豫不决时通过诱导式语言使对方展示真实想法，然后打消其疑虑或解决其关心的问题，进而达成交易的策略。诱导表达策略一般有两种实施方法，一是诱导对方同意己方的看法，最后使对方得出有利于己方的结论；二是诱导对方提出反对意见，从反对意见入手促成交易。例如，当对方对己方的产品非常感兴趣，但又担心售后服务等一些其他的问题而犹豫不决时，可以诱导对方提出疑问，再对这些问题进行解答，以消除对方的疑虑，促使其做出成交的决定。

任务 8.2　签　约

商务谈判签约是指谈判双方在达成一致意见后，由双方法人代表或充分授权代表在合同上签字盖章的过程。合同一经签署，即成为具有法律效力的文件，双方开始承担合同所标明的法律责任。因此，合同撰写完毕之后，谈判双方要进行严格的审核，确认合同内容没有问题后，方能签字盖章。

8.2.1　订立商务合同

商务合同是谈判双方在经济合作和贸易交往中，为实现各自的经济目标，明确相互之间的权利义务关系，通过协商后共同订立的协议（见图 8-2）。

图 8-2　谈判双方签约并交换合同

1. 商务合同的订立原则

（1）平等互利原则

平等互利原则强调谈判双方的民事法律地位平等，双方在订立合同时应平等协商，任何一方不得将己方的意愿强加给对方，即在充分考虑己方利益的同时，不得损害对方的利益。

（2）自愿原则

自愿原则强调谈判双方可以按照自己的意愿订立合同，自主选择订立合同的对象、决定合同内容及订立合同的方式，任何单位或个人不得干预。

（3）公平原则

公平原则要求订立合同的双方当事人之间的权利和义务要公平、合理，强调双方给付之间的等值性。

（4）诚信原则

诚信原则强调谈判双方在订立合同时要诚实守信，不得隐瞒事实真相，欺诈对方签订包含虚假内容的合同，同时，不得假借订立合同进行恶意磋商。

（5）合法性原则

合法性原则强调谈判双方在法律规定的范围内明确双方权利义务、交易程序及违约责任等，且需尽量详尽，以便合同具有可操作性。

谈判小贴士

在拟定合同前，谈判双方要对谈判的内容、结果等进行最后回顾，明确是否所有的项目都已谈妥，是否还有遗漏的问题尚未解决。

2. 商务合同的构成

由于谈判内容的不同，商务合同的内容也有所不同。但一般来说，商务合同都具有较为固定的格式。例如，一般都包括首部、正文、尾部及附件四部分。

（1）首部

合同的首部被称为约首，主要包括合同的详细名称，签订合同的双方的名称、地址、联系方式等具体情况，签订合同的日期和地点，以及合同中关于有关词语的定义和解释等内容。

（2）正文

合同的正文是合同最重要的部分，其内容应该明确且具体。一般来说，商务合同中大都包括表 8-1 所示条款。

表 8-1　商务合同中通常包含的条款

条款名称	内容描述
标的条款	明确标的物的品名、牌名及规格
数量和质量条款	数量上明确计量单位、具体数量、合理误差、自然损耗率等，质量明确具体标准
价格条款	明确标的物的价值（价格）
支付条款	明确支付的货币单位、结算方式及支付的时间和地点
检验条款	明确检验的标准和方法

（续表）

条款名称	内容描述
交付条款	明确标的物的交付状态、包装条件、储存条件、运输方式、双方联络方式、单据交付方式及事故责任归咎原则
违约处罚条款	明确延迟交付及标的物缺陷的处罚规定
保密条款	明确合同内容的私密性及泄密的后果
不可抗力条款	明确双方公认的不可抗力事故，以及此类事故发生时双方可免除的责任和应履行的义务
仲裁条款	明确仲裁机构、适用的仲裁程序规则及仲裁地点
合同生效条款	合同的生效条件、生效时间

（3）尾部

合同的尾部为合同的结尾部分，主要包括合同的份数、合同的有效期、双方当事人的签名、盖章、开户银行名称、开户银行账号等内容。

确定合同违约责任

（4）附件

合同的附件是对合同有关的条款做进一步的解释与规范，对有关技术问题做详细阐释与规定，对有关标的操作性细则做说明与安排的部分。例如，技术性较强的商品买卖合同，需要用附件或附图的形式详细说明标的全部情况。合同附件是合同正文的延伸与具体化，是合同不可分割的一部分，与合同正文具有同等的法律效力。

8.2.2 签订商务合同

商务合同的文本拟定完成后，即可进行合同的签订工作。一般来说，合同的签订工作需要做到以下几点。

1. 签字前的审核

在正式签字前，谈判双方应做好两件事：一是核对合同文本与谈判协议条件的一致性，同时需要注意，当使用多种文字书写合同时，应确保合同文本内容的一致性；二是核对各种批件（如项目批件、许可证、外汇证明、订货卡片等）是否完备，以及合同内容与批件内容是否一致。如审核时发现问题，双方应及时互相通告，并调整签约时间。

谈判典例

英国 M 公司（以下称“英方”）与罗马尼亚 L 公司（以下称“罗方”）就某项生产技术转让和相关生产设备的供应问题达成协议后，双方谈判人员着手准备合同文本，并约定合同以英文、罗文、法文三种文字书写。

双方谈判人员工作了两天，完成了三个合同文本的编写。英方由 A 先生、B 先生和 C 女士对文本进行核对，三人从技术附件到合同文本逐一核对，由于使用三种文字，核对工作量很大，三人一起同时核对英、罗、法三种文字的文本，最后认为没问题后交给了英方领导，准备在签字仪式上使用。合同在仪式上签署时，罗方再三强调国内急需该种产品，希望英方能尽快交货。英方答应一定遵守合同约定按时交货，罗方很高兴。

合同签完后，英方开始落实履约事项。按英文合同上的约定，英方应在合同签字后的三个月后交付第一批资料，在合同签字后的六个月后交付第一批设备。英方决定抓紧安排，争取提前交货，同时也显示英方的实力与诚意。一个月后，英方将准备进度与打算通告罗方，本想让对方高兴，不料引来的是强烈的责备，罗方认为英方推迟了第一批设备的交货期。

合同执行小组人员一下子蒙了，立即翻阅三个文本的合同，这才发现第一批设备系准备性设施，其交货期在合同文本的最后一页予以约定，英文本与法文本上写的交货期是合同签字后六个月，而罗文本的合同上写的是三个月，三个文本约定不一致。当初，A 先生、B 先生和 C 女士三人核对时遗漏了最后一页。

罗方指责英方不守信用，英方极力向罗方解释前因后果，但罗方表示不理解。英方很被动，最后只好提出：英方争取三个月不迟于四个月交付第一批设备。罗方这才停止对英方的批评。

2. 签字人的确认

在商务谈判中，主谈人不一定是合同的签字人，所以要注意确定比较合适的签字人（通常为企业法人代表或具有充分授权的代表）。如果合同比较复杂，涉及面较广，也可以让有关上级加以了解或适当参与。这样做的好处是，当合同执行中遇到问题时容易协调，从而为合同的顺利执行提供保障。

3. 签字仪式的安排

为了庆祝谈判成功，扩大影响，以及促进合同履行，谈判双方可以举行一个签字仪式。当然，由于合同的重要性和影响程度不同，签字仪式的规格也应有所不同。

谈判问答

“蔬菜种植商小刘打算从攀枝花市运蔬菜到石家庄市去售卖，他提前联系了石家庄市的一个蔬菜零售商，双方通过电话确定了这笔蔬菜生意后没有再联系。过了两周，小刘通知零售商说蔬菜已到，而此时石家庄市市场已经饱和。零售商说如果按约定收货只能出报价的三分之一，小刘不愿意，双方僵持不下。”从上述案例中，你得到了什么启发？

任务 8.3　处理后续工作

在谈判成功并签订合同后，谈判双方还要注意谈判的后续工作，主要包括谈判过程的总结、合同的履行、争议的处理和索赔谈判等。

8.3.1　谈判过程的总结

谈判结束后，无论结局如何，谈判人员都要对过去的谈判工作进行全面、系统的总结。具体包括以下三个方面。

1. 己方的谈判情况

对己方谈判情况的总结主要包括以下内容：

✧ 总结谈判的总体概况。包括谈判成果的综合分析、谈判的效率及谈判的困难等，并以此为基础，判断己方的得失。

✧ 总结谈判的准备工作情况。对比谈判前制定的目标和谈判结果，分析谈判准备工作的漏洞，避免在以后的谈判中再次出现。

✧ 总结谈判过程的具体情况。包括谈判的程序、谈判开局的策略、讨价还价的策略、打破僵局的技巧以及谈判小组各成员在谈判中的整体表现，找出其优点和不足，供以后谈判参考。

2. 本企业的情况

对本企业情况的总结是为了解本企业各方面的工作对谈判的影响程度，通过改善所在企业的经营管理，为今后的谈判创造各种有利的条件。总结的内容具体包括：本企业对谈判人员所确定的职责、给予的权力及谈判团队管理的合理性；本企业所规定的谈判原则和交易条件的合理性；本企业提供或要求提供的产品品种、规格、质量、数量、价格及服务等方面的可行性；等等。

3. 对方的情况

对对方情况的总结包括对方在谈判过程中所使用的谈判技巧、对谈判计划所提出的建议和要求等情况。通过这方面的总结，可以了解对方的信息及谈判风格，以便在今后的谈判中对症下药、有的放矢地采取相应的策略，从而取得较好的谈判成果。

8.3.2 合同的履行

合同的履行是指双方当事人按照合同的条件、时间、地点、方法完成己方承担的义务并取得应有的权利的过程。

为了实现合同中所要达到的经济目的，双方必须遵守合同确定的内容，主要包括以下两方面：第一，实际履行。即双方必须严格按照合同所规定的内容履行，不允许故意更换标的而用其他代替，不随意变更约定的标的数量、质量等。第二，协作履行。为了实现共同的利益，双方要通力协作、互相帮助，共同完成合同规定的任务。对合同履行过程中产生的分歧，双方要按照法律和合同的规定及时协商解决。

谈判典例

2017 年 10 月，李某打算开一家模具加工厂，因购买机器设备资金不足，便向朋友韩某借款。李某称机器买回后 2 个月内开工没有问题，资金周转开后保证立即还款。韩某要求立下借据，李某便写下“暂借韩某人民币20万元整，待模具厂开工后的第二个月即奉还”的借据。

机器买回后，李某又发觉生产模具不如卖模具加工原料有利可图，于是就将机器租给他人，自己去卖模具加工原料。

2018 年 6 月，韩某要求李某还款，李某称借条上写得很清楚明白，模具厂开工后的第二个月才还钱，现在虽然有机器设备，但原料尚欠缺，所以开不了工，等过一段时间开工后再还款。韩某知道李某将设备租给了别人，现在只是拖延还款，于是就向法院起诉，要求李某归还其借款，并加收利息。李某则以借据作为理由，称现在尚未开工，谈不上还款。双方于是将争议诉至法庭。

结果不难预料，韩某输了官司。本案的关键在于李某在字据中称开工后第二个月还款，而实际上李某买回机器后又不开工，致使当事人约定的还款期限不能具体确定。因此，谈判人员在签订合同时必须明确合同的履行期限，以便履行合同时有据可依。

8.3.3 争议的处理

顺利履行合同是谈判双方的共同愿望，但在此过程中，由于各种因素的影响，双方之间可能产生多种争议，其内容主要是关于合同是否成立、是否构成违约、违约的责任与后果等。

1. 引起争议的原因

合同履行过程中出现争议的原因主要有以下几种：

- ✧ 卖方不按照合同规定的时间、品质、数量、包装条款等交货，或者单证（在国际结算中应用的单据、文件、证书）不符等。
- ✧ 买方不开或缓开信用证（国际贸易中），不按时付款，无理拒收货物，不按时派船接货等。
- ✧ 合同条款的规定欠明确，买卖双方国家的法律或对国际贸易惯例的解释不一致。
- ✧ 在履行合同的过程中遇到了买卖双方不能预见或无法控制的情况，而双方对此类情况的解释不一致。

谈判典例

美国一公司与韩国一公司在经过谈判后，签订了一份关于水稻种子的买卖合同，合同规定水稻种子的发芽率必须在 90%以上。美方在装船前对货物进行了检验，结果符合合同的规定。然而，货物到达目的港，韩方提货后抽取样本交由指定的检验机构进行检验，却发现水稻种子发芽率不到 60%。

于是，韩方要求退货，并提出索赔。美方予以拒绝，其理由是：美方在装船前进行了检验，可以证明所交货物是合格的；韩方在目的地检验发现货物质量有问题，说明货物品质的变化是在运输途中发生的。按照国际贸易惯例，货物装船离开装运港后，风险即已转移，运输途中货物品质变化的风险应该由韩方承担。

双方协商后无法达成一致意见，遂将争议提交仲裁。仲裁庭审理时发现，水稻种子包装所用的麻袋上粘有虫卵，正是这些虫卵在运输途中孵化成虫，咬坏了种子胚芽，造成发芽率降低。但应由谁来承担这一后果，买卖双方仍各执一词。

实际上，货物品质中途发生变化，其损失是由于包装不良造成的，这说明致损的原因在装船前就已经存在，货物发生损失已带有必然性，这属于美方的过失，应构成违约。因此，美方拒赔是没有道理的，其应当承担违约的后果。

2. 解决争议的方式

合同争议的解决方式多种多样，主要包括以下四种。

（1）协商

协商是在争议发生后，由合同当事人自行磋商，双方都做出一定的让步，在双方都认为可以接受的基础上达成谅解，以解决问题。合同当事人在友好的基础上相互协商是解决问题的最佳方法。

处理合同格式条款的争议

（2）调解

合同当事人如果不能协商一致，可以要求有关机构进行调解。例如，当一方或双方是国有企业时，可以要求上级机关进行调解。上级机关应在平等的基础上分清是非，然后进行调解，而不能进行行政干预。此外，当事人还可以要求合同管理机关、仲裁机构或法庭等进行调解。

（3）仲裁

如果合同当事人协商不成、不愿调解，可根据合同中规定的仲裁条款，向仲裁机构申请仲裁。

（4）诉讼

如果合同中没有订立仲裁条款，事后也没有达成仲裁协议，合同当事人可以将合同纠纷起诉到法院，寻求司法解决。如果一方对法院判决结果不服，则可以在一定的期限内向上一级人民法院上诉。

8.3.4 索赔谈判的开展

索赔谈判是指合同义务不能履行或不完全履行时，合同当事人就该情况进行的谈判。一般来说，受损方为了维护己方的合法利益、保障己方的合同权利，会向违约方提出索赔，违约方受理该索赔，索赔谈判即开始。

在进行索赔谈判时，谈判双方应该遵循以下原则：

- ✧ 重合同。即以合同约定为依据来判定违约责任。合同已明确的，只要与法律不相违背，就是判定是非责任的标准；合同未明确的问题，则可引证相关惯例与法律。
- ✧ 重证据。违约与否除了依合同规定外，许多时候需要提供证据来使索赔成立。例如，质量问题需要权威部门出具的技术鉴定证书，数量问题需要商检的记录等。
- ✧ 重时效。即注重索赔期。受损方应在合同规定的时效范围内进行索赔，超过了该期限，违约方则可不承担责任。
- ✧ 重关系。即索赔谈判时，受损方不应咄咄逼人，而应为以后的合作留有余地，尽量友好地解决争议。

实战演练

场景模拟：签订合约

任务概述

回顾项目 6“实战演练”内容，学院与该科技公司基本达成一致意见，双方准备签订协议。学生以此为背景模拟签约流程。

任务分组

全班学生自由分组，每组 6~8 人，各组再分成两小组，并抽签决定买卖双方。各小组各自选出组长并进行任务分工，将小组成员及分工情况填入表 8-2 中。

表 8-2　小组成员及分工情况

<table>
<tr><td>班级</td><td></td><td>组号</td><td></td><td>指导教师</td><td></td></tr>
<tr><td>小组成员</td><td>姓名</td><td>学号</td><td colspan="3">任务分工</td></tr>
<tr><td>组长</td><td></td><td></td><td colspan="3"></td></tr>
<tr><td rowspan="3">组员</td><td></td><td></td><td colspan="3"></td></tr>
<tr><td></td><td></td><td colspan="3"></td></tr>
<tr><td></td><td></td><td colspan="3"></td></tr>
</table>

任务准备

（1）对商务谈判签约内容有一定了解。

（2）搜集商务合同相关资料。

任务实施

制订工作计划，并按计划开展活动。将具体的实施情况记录在表 8-3 中。

表 8-3　实施情况记录表

时间安排	实施步骤
	1．回顾任务背景
	2．了解商务谈判签约的相关知识
	3．通过多种方式搜集商务合同模板
	4．结合所学知识及所搜集的资料，由卖方草拟合同

（续表）

时间安排	实施步骤
	5．买方对卖方所拟合同进行审核，列出己方认为有异议及遗漏的条款
	6．双方就有异议的条款进行讨论，最终达成一致意见
	7．双方对修改后的合同草稿进行最后审核
	8．举行模拟签字仪式，体现签字程序和礼仪
	9．总结拟定商务合同的注意事项
	10．各组将实践过程制作为 PPT，并撰写一份实践心得

评价反馈

各组配合指导老师完成如表 8-4 所示的考核评价表。

表 8-4　考核评价表

项目名称	评价内容	分值	评价分数		
			自评	互评	师评
成果评价（30%）	PPT 制作美观，有效记录实践过程	10			
	实践心得逻辑清晰，有自己的思考	20			
技能评价（40%）	能够通过多种方式有效搜集资料	20			
	能够全面、完整地拟定商务合同	20			
素养评价（30%）	有较好的团队合作意识	10			
	思维缜密，有较好的总结能力	10			
	积极实施任务，态度端正	10			
合计		100			
总评	自评（20%）+互评（20%）+师评（60%）=	教师（签名）：			

素质园地·诚信为先

以诚信赢天下

大连集发环渤海集装箱运输有限公司作为北方支线运输服务的“龙头”企业，始终将诚信经营融入企业发展血脉，坚持履约践诺，经受住一次次诚信考验，树立了良好的企业口碑。

信义当先，定点定班的服务承诺“不打折”。近年来，海运行业普遍存在船舶利用率降低、运费价格持续上涨等问题。对于海运企业，降低航运次数、提高舱位利用率无疑是最直接、最有效、最符合经济利益的选择。但该企业为维护自身的信誉，坚持从客户利益出发，即使舱位满载率较低，也遵循定点定班运营，确保货物及时运抵目的地。

履约践诺，中标约定的服务价格“不退缩”。近年来，海运成本持续上涨，整体盈利空间被不断挤压，原本盈利可观的中标项目，出现“折本”运营的情况，企业可能因此遭受巨大经济损失，如果选择“损人利己”单方面终止合同，企业尚可盈利、日子好过。但是，该企业坚决立起诚信这一“金字招聘”，坚决履行合同义务，独自承担经济损失，受到合约方赞许，并签署了长期合作意向书。

文化浸润，推动信用体系建设“不停步”。该企业坚持“立诚守信，言真行实”的诚信文化，为员工编印《诚信手册》，从岗位诚信到员工信用，从管理制度到服务规范，从客户评价到舆论监督，建立起以诚信为核心的工作质效评判制度，对员工的诚实守信自律度提出了全面具体的要求，引导员工将个人业绩与诚信实践紧密结合起来。

国家税务总局大连市税务局将 A 级纳税人“红榜”大连集发环渤海集装箱运输有限公司以履约践诺为抵御经营风暴“定海神针”的诚信经营故事，转换为一种特殊的激励力量推广至全国，旨在提升社会诚信水平，督促企业诚信经营，使“诚信兴商、守信践诺”成为新时代中国企业长远发展的新风尚。

资料来源：https://www.creditchina.gov.cn/chengxinzhuti/xinwenjiaodian/202110/t20211008_245897.html

项目 9

了解国际商务谈判

项目导读

随着经济全球化趋势的增强，不同国家企业间的经贸联系不断加强，国际商务谈判的重要性也日益凸显。

谈判人员只有了解国际商务谈判的原则，熟悉各国商人的谈判风格，并掌握相应的应对技巧，才能妥善处理国际商务谈判中出现的各种问题，在互惠互利的基础上达成公平、可行的协议，促成谈判的成功。

学习目标

知识目标

- ✧ 了解国际商务谈判的特点
- ✧ 掌握国际商务谈判的原则
- ✧ 熟悉各国商人的谈判风格

技能目标

- ✧ 能够正确运用国际商务谈判的原则
- ✧ 能够分析各国商人谈判风格的异同点
- ✧ 能够基于不同国家商人的谈判风格，模拟国际商务谈判

素质目标

- ✧ 尊重文化差异，培养国际视野，坚定文化自信，增强民族自尊心和自豪感
- ✧ 培育和践行社会主义核心价值观，做到诚实守信

谈判现场

商用车公司与汽车设计公司的双赢谈判

A公司是中国某著名商用车公司，在进行某款商用车开发时，要进行整车外流场仿真设计，但公司没有 CFD（一种现代模拟仿真技术）分析工程师。因此 A 公司产品开发经理开始在国内外寻找 CFD 分析合作方，最终选定 B 公司。

B 公司虽然在欧洲比较有名，但从来没有在中国市场实施过项目，A 公司担心项目花费巨资后达不到预期效果。因此，A 公司希望在与 B 公司的首次合作中，B 公司能免费给 A 公司做一次 CFD 分析，如果首次合作效果良好，则考虑与 B 公司进行长期合作。

第一轮谈判，谈判地点为 A 公司会议室。B 公司开价 300 万欧元，A 公司表示无法接受。双方未达成统一意见。

第二轮谈判，谈判地点改在某五星级酒店。A 公司派技术部副经理亲自前往机场接机，并安排外方所有参会人员入住该酒店，所产生的一切费用均由 A 公司承担。谈判前一天，A 公司的总经理亲自宴请 B 公司所有谈判人员，当晚餐桌上，双方相谈甚欢。第二天，谈判开始，B 公司调整报价，由原先的 300 万欧元调整为 250 万欧元。A 公司对此报价不满意，但还是面带笑容，坚持首次合作为尝试性合作，但 B 公司坚持不做让步。

第三轮谈判，由 A 公司提出邀请，选择在青岛市谈判。一方面 A 公司在青岛市有生产基地，另一方面正值青岛啤酒节。B 公司的谈判代表多数为德国人，对啤酒有深厚的感情。谈判地点被安排在一个具有德式风格的酒店里，B 公司代表显然很高兴。

此轮谈判 A 公司总经理与 B 公司总经理同时出席。下午谈判正式开始时，不等 B 公司报价，A 公司总经理首先发言，希望双方完成一次成功的合作，A 公司愿意承担在开展此项目过程中 B 公司代表往来于中国的全部费用，并表示首次合作一旦成功，将会与其签署 5 年的合作合同，价格按照国际惯例支付。

经过一番考虑，B 公司总经理决定，免费为 A 公司做一次 CFD 分析，但是硬件由双方一起采购，并同意培养中方工程师为 CFD 工程师，而此次合作的成果由双方共享，B 公司有权利将相关项目信息作为后续的宣传资料。最后，双方签订友好合作协议。

思考

从上述案例中你得到了什么启示？你认为在国际商务谈判中应该注意什么？

任务 9.1 了解国际商务谈判的基础知识

国际商务谈判是指在国际经济贸易交往过程中，处于不同国家和地区的商务活动当事人为达成交易，通过信息沟通来协商交易各项条件的过程。作为国际商务活动的重要组成部分，国际商务谈判的重要性不可忽视。

9.1.1 国际商务谈判的特点

国际商务谈判是商务谈判的一种，因此其既具有商务谈判的一般特征，又有特殊性，具体表现在以下几个方面。

跨文化谈判

1. 跨国性

国际商务谈判的参与主体、谈判环境都具有跨国性。国际商务谈判的参与主体包括具有海外背景的公司、组织及其所委派的谈判人员，谈判人员中还会有外籍人士。同时，国际商务谈判通常会在境外地区进行，当具有海外背景的公司、组织作为谈判的东道主时，另一方的谈判人员就需要走出国门进行客场谈判。

2. 政策性

国际商务谈判涉及不同国家或地区，是一项国际性交往活动，具有较强的政策性。每个国家和地区的政治制度、贸易政策、行业制度都存在差异，政府对行业或企业的管控程度也不尽相同。因此，在谈判开始前应充分了解对方国家或地区的有关法律或贸易政策。

3. 文化差异性

在国际商务谈判中，谈判人员往往来自不同的国家和地区，因此他们的社会文化背景存在很大差异，其价值观念、思维方式、语言及风俗习惯、谈判方式、行事风格各不相同。在国际商务谈判过程中，谈判双方借助翻译人员进行语言转换时，不可避免地会面临跨文化挑战。

拓展阅读 TUOZHAN YUEDU

文化差异对国际商务谈判的影响

1. 文化差异对谈判沟通过程的影响

文化差异对谈判沟通过程的影响首先表现在语言沟通过程中。受文化因素的影响，语言存在不对等现象。例如，某种词汇或语言只存在于某种特定的文化中，在另一种文化中无法找到确切的对等语，因此在语言转化的过程中可能会造成歧义。另外，文化差异的影响还体现在肢体语言的运用中。同样的肢体动作在不同的国家和地区代表着不同的信息。

2. 文化差异对谈判双方思维方式的影响

文化差异导致谈判双方思维方式不同。例如，西方人偏好逻辑思维，倾向于根据事实和数据得出结论。他们将复杂的谈判看成是一个解决问题的过程，把整个谈判分成若干个小部分，逐个击破，分次解决。而东方人强调集体主义，比较注重形象思维，习惯将各个对象的各个部分联合为整体，会综合考虑众多因素，包括对方的态度、情感和情绪等。

3. 文化差异对谈判人员行为的影响

一般来说，东方人往往喜欢含蓄、间接地表达想法，习惯先谈原则后谈细节，尽量避免谈判中的摩擦。而西方人习惯于开门见山，直奔主题，且注重细节。

4. 风险性

在国际商务谈判中，商业信用风险、政治风险、经济发展形势的不确定性比较大。因此，在开展国际商务谈判的过程中，谈判人员要密切关注相关市场变化情况，以及对方国家或地区的政府立场和态度，及时调整谈判策略以求降低谈判破裂的风险。

9.1.2 国际商务谈判的原则

为了能够做好国际商务谈判工作，谈判人员除了掌握国际商务谈判的特点外，还需要掌握国际商务谈判的几个原则。

1. 平等自愿原则

平等自愿原则是国际商务谈判顺利进行并取得成功的前提。平等自愿原则具体体现在以下几个方面：首先，交易双方无论实力强弱、规模大小，在经济贸易中的地位都应该是平等的。在谈判时要尊重对方的意愿，考虑双方的需要，并且在双方都自愿的基础上进行

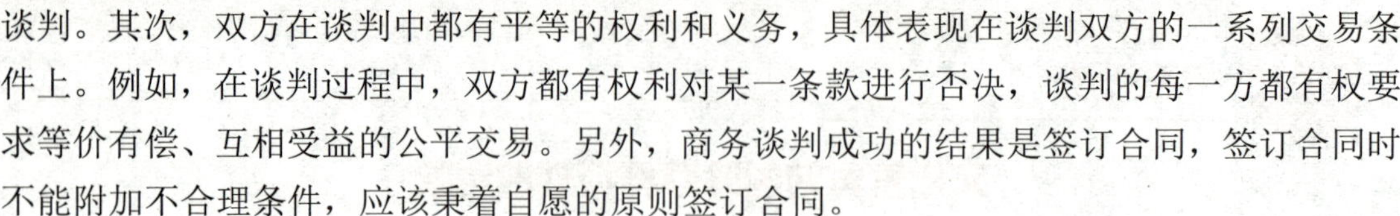

谈判。其次，双方在谈判中都有平等的权利和义务，具体表现在谈判双方的一系列交易条件上。例如，在谈判过程中，双方都有权利对某一条款进行否决，谈判的每一方都有权要求等价有偿、互相受益的公平交易。另外，商务谈判成功的结果是签订合同，签订合同时不能附加不合理条件，应该秉着自愿的原则签订合同。

2. 互惠互利原则

互惠互利原则是指谈判双方都取得了各自预期的利益。成功的国际商务谈判并非是胜负输赢的较量，而是要兼顾双方的利益。谈判的目的是为了合作共赢，这就需要谈判双方设身处地地站在对方的立场考虑，了解对方的利益要求，在坚持维护己方利益的同时还要考虑满足对方的利益。因此，有时谈判双方都需要在某些难以协调的问题上做出适当让步以找到利益均衡点。

3. 诚实守信原则

诚实守信原则是国际商务谈判的基础原则。在谈判过程中，谈判双方需要以客观事实为基础，在重大事实上如实相告，不能为了一己之私隐瞒欺骗对方，这种做法既有悖于商业道德，又违反了国际商法。此外，在签订合同后，谈判双方须“言必行，行必果”，认真遵守合同，严格执行各项条款，避免因诚信缺失而引起的不必要损失。

谈判问答

你认为在国际商务谈判中如果违背了诚实守信原则，可能会产生什么后果？

4. 求同存异原则

求同存异原则是国际商务谈判取得成功的重要条件。当谈判双方在利益、条件及意见方面存在分歧时，双方需通过谈判减少分歧，使双方利益趋于一致，这样才能最终达成协议。若双方在谈判过程中互不相让，那么很可能使双方矛盾升级、分歧扩大，导致谈判破裂。因此，在谈判过程中，双方只有在谋求共同利益的同时，暂时忽视非实质性差异，做到求同存异，即求大同，存小异，才能促使谈判成功，达到互利的目的。

5. 灵活变通原则

国际商务谈判的结果受多种因素的制约，谈判过程中存在很多变数，因此需要在谈判中随机应变。当某种谈判思路或方式行不通时，要果断换另一种思路或方式灵活应对；当在谈判过程中遇到突如其来的变动时，随时做出必要改变以适应谈判现场的变化，这样才能提高谈判成功的概率。

任务 9.2　了解各国商人的谈判风格

谈判风格是指在谈判过程中，谈判人员所表现出来的言谈举止、行为方式及习惯爱好等方面的特点。由于受到不同自然气候、政治、经济和文化传统的影响，世界各地商人的谈判风格也有所不同。只有了解世界主要国家和地区商人的谈判风格，才能够对症下药，制订相应的谈判策略，促成谈判的成功。

9.2.1　亚洲商人的谈判风格

1. 日本商人的谈判风格

（1）讲究礼仪

日本商人很注重礼仪，在谈判中会严格遵守各项礼仪规范。例如，在谈判双方初次见面时，要点头或轻度鞠躬，然后才握手。在谈判中，他们通常不会直接反驳对方，认为这会让对方难堪，是极大的失礼。失礼行为会使其内心不安，影响双方的情感交流，使得谈判难以顺利进行。另外，日本商人重视身份地位且有明确的等级界限，因此给不同的人送礼时要有所区别。

（2）注重人际交往

日本商人很注重在商务谈判中建立和谐的人际关系，他们不赞成也不习惯直接的、纯粹的商务谈判。如果初次同日本企业进行商务交往，那么在谈判开始前，己方地位较高的负责人拜访对方企业中同等地位的负责人很有必要，此举会让日本企业重视与己方之间的交易关系。

（3）团体意识强烈

日本商人团体意识强烈，谈判人员之间分工明确，相互依赖，有着良好的协作关系。在较大问题上要经过谈判团队人员的反复磋商，在得出一致的结论后才会给予对方答复。因此，在谈判过程中日本商人往往在决策上花费的时间过长，这会使得许多外国谈判人员失去耐心。

（4）坚毅耐劳，不易妥协

日本商人执着，有耐心，固执坚毅。当谈判双方就某个问题达成协议时，日方常主动承担整理的任务，即使在谈判时间紧迫的情况下，日方也可以夜以继日地将谈判结果形成文字，使对方能充分理解，为谈判成功创造机会。此外，日本商人在报价后一般很少妥协，因此与日本商人讨价还价的余地很小。

谈判典例

日本一家著名的汽车公司在刚刚进入美国市场时，急需一家美国代理商来为其销售产品，以弥补他们不了解美国市场的缺陷。当日本汽车公司准备与美国的一家公司就此问题进行谈判时，日本公司的谈判代表由于堵车迟到了。美国公司的谈判代表抓住这件事紧紧不放，想要获取更多的优惠条件。日本公司的谈判代表无路可退，于是站起来说："我们十分抱歉耽误了你的时间，但这绝非我们的本意。我们对美国的交通状况了解不足，所以导致了这个不愉快的结果。我希望我们不要再为这个问题耽误宝贵的时间了，如果因为这件事怀疑到我们合作的诚意，那么，我们只好结束这次谈判。我认为，我们所提出的优惠代理条件是不会在美国找不到合作伙伴的。"

日本公司谈判代表的一席话说得美国公司谈判代表哑口无言，美国公司也不想失去这次赚钱的机会，于是谈判顺利地进行了下去。

2. 韩国商人的谈判风格

（1）重咨询

韩国商人十分重视咨询，在谈判之前通常都要通过相关咨询机构了解清楚对方的情况，做好充分准备后才会与对方进行谈判。咨询的内容通常包括对方的经营项目、资金、规模、经营作风，以及有关商品的市场行情等。

（2）重气氛

韩国商人很注意谈判场所的选择，一般喜欢将谈判地点安排在高档的酒店，他们通常会按时到达，以表达己方谈判的诚意。双方见面时，他们会主动创造和谐融洽的气氛，会热情地打招呼、握手寒暄以获得对方的好感，然后才会进入正题开始谈判。

（3）重方法

韩国商人逻辑性强，做事有条理，在谈判中更是如此。韩国商人会依据谈判的规模大小及复杂程度来选择采用横向谈判法还是纵向谈判法。

在大型的谈判中，韩国商人通常会采用横向谈判法。在进入谈判后，他们会先勾画谈判的框架，将多项条款共同讨论，待主要条款确定后，再针对每项条款做具体的补充。当谈判的规模较小或是业务简单时，他们会采用纵向谈判法。在确定谈判的主要问题后，会对每项条款按先后顺序依次进行商讨，待有争议的条款解决后，再转向下一条款。

（4）重技巧

在谈判中，韩国商人善于运用技巧和策略来讨价还价。他们在谈判中常用的技巧策略有两种：一是声东击西，即用不太主要的问题去吸引对方的注意力，从而掩盖其意图；二是苦肉计，即先采取忍让的计策来迷惑对方，然后以退为进，以换取对方的最终让步。此外，韩国商人还会采用拖延、制造僵局等策略。

9.2.2 美洲商人的谈判风格

1. 美国商人的谈判风格

（1）开门见山，爽直干脆

美国商人谈判时直截了当，不喜欢兜圈子，语言表达直率，在无法接受对方提出的条件时不会含糊其词，会明确表示无法接受。但是，正因为美国商人做事干脆利落，所以有时会显得缺乏耐心。

谈判典例

2020 年，两位美国客户到中山某公司的工厂参观。由于是大客户，所以公司委派副总经理负责接待。

两位美国客户刚到公司时正好是午饭时间，所以公司的副总经理礼貌性地问了句：“到午饭时间了，请问你们想进午餐吗？”在之前，双方对对方国家的文化都有一些了解，中方知道美方比较直接，所以就直接问了要不要先吃午饭。而美方的回答是：“不是很饿，随便。”其实美方客户已经很饿了，因为知道中国人喜欢间接表达，所以就委婉地说“随便”。结果两位美国客户饿着肚子跟着充满热情的中方人员参观了工厂。

（2）注重效率，速战速决

美国的生活节奏比较快，因此美国商人十分注重效率。他们会精打细算地规划谈判时间，分阶段逐项推进谈判进程。他们的时间观念很强，做事井然有序，不喜欢事先没有预约的不速之客来访。所以，与美国商人进行谈判，早到或迟到都是不礼貌的。一旦无法如期赴约，要致电通知对方并道歉，否则会被视为缺乏诚意。

（3）重视利益，务实客观

美国商人追求经济利益最大化，但一般情况下不会漫天要价，也不喜欢对方这样做，他们在谈判时的报价及提出的具体条件也比较客观。他们认为做生意要双方都获利，不管哪一方提出的方案都要公平合理。此外，大多数美国商人认为，谈判的目的是为了达成一致，相互获利，没有必要在谈判前耗费时间与对方建立一种融洽的关系，不重视在谈判中培养双方的友谊。在美国商人的观念中，个人交往应与商业交往明确分开。

（4）注重合同，法律观念强

美国商人法律观念强，非常重视合同，合同履约率也较高。在他们看来，为了保护自

己的利益，最公正、最妥善的解决办法就是依靠法律、依靠合同。如果签订合同后不能履约，那么就要严格按照合同的违约条款支付赔偿金和违约金，没有再协商的余地。

2. 加拿大商人的谈判风格

加拿大居民主要包括英裔加拿大人和法裔加拿大人，两者在谈判风格上有较大的差异。

英裔加拿大商人保守、严谨、重视信用，除非对所有细节了如指掌，否则不会轻易签订合同。此外，英裔加拿大商人在谈判时往往会设置关卡，因此从开始谈判到价格确定这段时间的商谈是颇费心神的，同其谈判时要有耐心，不能急于求成。不过，英裔加拿大商人一旦签订合同，一般很少违约。

法裔加拿大商人和蔼可亲、平易近人、讲究礼仪。在谈判中，当谈到实际问题时他们往往吞吞吐吐、难以捉摸，因此想要谈出结果就必须极具耐心。此外，在与法裔加拿大商人签约后仍存在不稳定因素。因为法裔加拿大商人往往在主要条款谈妥后就要求签字，认为次要条款可以待签字后再谈，但往往是由于被疏忽的次要条款引起了日后的纠纷。因此，同其谈判时应力求慎重，签约时条款应详细明了，准确无误，以免引起纠纷和麻烦。

3. 拉美商人的谈判风格

（1）节奏慢，效率低

拉美商人处理事务节奏较慢，时间观念淡薄。许多拉美国家假期很多，在洽谈中常会有谈判人员休假，这时谈判只能被迫中止，等休假人员归来才可继续进行。因此，在与拉美商人谈判时，最好的办法就是放慢谈判节奏，保持耐心。

（2）注重感情，看重朋友

拉美商人尤其注重感情。若与拉美商人彼此相熟，关系亲近，那么在有求于拉美商人时，他会考虑你的利益和要求。因此，在与拉美商人做生意时，最好先与其交朋友，一旦成为他们的朋友，之后的谈判与合作都会更加顺利。

（3）自信固执，坚持己见

拉美商人认为妥协意味着失败、放弃，因此他们在谈判时不会轻易让步。拉美商人坚信自己的意见准确无误，往往要求对方全盘接受，很少主动做出让步。若他们无法接受别人提出的意见，就会自始至终坚持己见，说服他们接受的可能性也很小。

（4）不注重合同，履约率较低

拉美商人不太重视合同，会在签约后又要求修改；有时会存在无故延迟付款的情况，合同履约率较低。因此，在与拉美商人谈判时应注意付款日期的约定，以及违约责任的明确。此外，拉美国家大多采取奖出限入的贸易保护政策，进口手续复杂。因此，在与拉美商人做生意时要认真了解其所在国外汇管制方面的法规和政策。

9.2.3 欧洲商人的谈判风格

1. 法国商人的谈判风格

（1）讲究服饰礼仪

法国商人特别注重自己的仪表，在谈判场合他们的衣着配饰都相当讲究。在他们看来，仪表代表着一个人的修养、身份和地位。因此，在与法国商人谈判时，必须注意自己的仪表，要做到大方得体。

（2）倾向于使用法语谈判

法国商人非常热爱自己国家的语言和文化，即使精通英语，在进行商务谈判时他们也会更倾向于使用法语作为谈判语言。所以，在与法国商人谈判时，若非己方占有很大优势，最好选择一名优秀的法语翻译。

（3）喜欢横向谈判

在商务谈判中，法国商人明显偏爱横向谈判，通常会把谈判的重点放在一些重要条款上，而不注意细节部分。他们在主要条款敲定后就急于签订合同，之后又会在细节问题上反复修改合同，所以在与法国商人签约时要将各条款反复确认。此外，他们希望在谈判时有文字记录，因此，在谈判的各个阶段都会有"备忘录"之类的文件记录谈判的内容。

（4）注重人际关系

法国商人天性开朗，很注重商务活动中的人际关系。他们喜欢和信赖的朋友进行商务往来，在未成为朋友之前，不会轻易与人做大笔生意。法国商人大多十分健谈且幽默风趣，喜欢谈一些新闻趣事来活跃谈判气氛。因此，在与法国商人谈判时不应只顾谈判，否则会被认为是枯燥乏味之人。

（5）注重个人决策

法国的企业机构明确，多数实行个人负责制。他们倾向于依靠个人力量来达成交易，所以个人的办事权限很大。在商务谈判中也多是由个人负责决策，集体决策的情况很少，因此法国商人的谈判效率很高。

（6）时间观念不强

法国商人的时间观念不是很强，在商务活动中他们可能会迟到或单方面更改时间。但是，如果对方因某种原因迟到，他们就会表现得非常冷淡。因此，如果己方处于劣势或有求于对方，一定不要迟到，否则很难获得对方谅解。

谈判小贴士

法国人不喜欢提过多的个人问题，特别是私事。与法国商人进行谈判时，要尽量避免私人话题。此外，法国人忌讳数字"13"，还有"星期五"。

2. 德国商人的谈判风格

（1）准备充分，考虑周到

德国商人谨慎保守，考虑事情周到细致、注重细节。在谈判前他们会做充分的准备，包括调查产品的质量、研究对方公司的业务开展情况等，只有确定对方可靠才会与其谈判。同时，他们会对谈判中可能出现的问题及应对策略做周详细致的安排。这些充分的准备能够让他们在谈判一开始便占据主动。因此，在与德国商人进行谈判前应有所准备，以便在谈判时能随时应答德国商人的详细问询，争取谈判主动权。

（2）坚决果断，注重效率

德国商人注重计划，讲求效率，谈判时喜欢直接列出谈判议题，确定交易方式，无论陈述还是报价都非常清楚明确、坚决果断，不喜欢模棱两可的回答。德国商人报价之后，对方讨价还价的余地很小，但德国商人很擅长讨价还价且极有耐心，会千方百计使对方让步。所以，与德国商人谈判时要准备充分、逻辑清晰，在其报价前进行摸底。

（3）注重契约，信守承诺

德国商人崇敬契约，在谈判时他们会仔细研究合同条款，认真推敲每个细节，要求合同描述清晰、用词准确。德国商人严守承诺，在签订合同之后会按照合同条款严格执行，极少毁约。同样，他们也要求对方严格按期交货或付款，对于宽延交货期的要求或变更条款的要求通常不予理会。

3. 英国商人的谈判风格

（1）注重礼仪，崇尚绅士风度

英国商人很注重个人礼仪与个人修养，崇尚绅士风度，在谈判中通常不会对谈判对手步步紧逼。同样，在谈判中显示出良好修养的谈判人员也会很快赢得英国商人的尊重。

（2）慎重保守，言行持重

英国商人是冷静稳重、慎重保守的，比起风险大、利润大的生意，他们宁愿做风险小、利润少的生意。在谈判时，他们恪守规定，冷静谨慎，与他们讨价还价的余地不大。同时，英国商人不会轻易相信别人，也不会轻易与对方建立个人关系。但是，一旦与英国商人建立了友谊，会发现他们待人和善且容易相处。

（3）办事拖延，无法按期履行合同

英国商人办事拖延，可能会不按时交货，从而给谈判对手带来经济损失，因此在与英国商人进行谈判时，可以在合同中写明索赔条款等。

谈判小贴士

英国人忌讳谈及政治与皇家家事。因此，在与英国商人谈判时话题尽量不要涉及政治问题，可以谈论天气、旅游等日常话题。

4. 俄罗斯商人的谈判风格

（1）节奏慢，效率低

在谈判中，俄罗斯商人对于提出的条款往往需要层层上报，征求领导意见。此外，在谈判中还常常会有技术专家、经济专家或法律专家的参与，这样不可避免地扩大了谈判队伍，延长了决策和反馈的时间，降低了谈判的效率。因此，在与俄罗斯商人谈判时要有耐心，切勿急躁。

（2）缺乏灵活性

俄罗斯商人在谈判中喜欢按照计划办事，一旦对方的让步与他们的预定目标有差距，则很难达成协议。甚至他们明知自己的要求不符合客观标准也拒不妥协让步。

（3）善于讨价还价

俄罗斯人善用谈判技巧，在对方报价后，他们绝不会接受首轮报价，而是会千方百计地挤出水分，直至达到他们认为的理想结果。他们常用的压价方法有三种：一是“欲擒故纵”。例如，他们说：“我们实在无法同你洽谈生意，你的价格比你的竞争者实在高太多了，如果我们同他们谈判，现在就已经达成协议了。”二是“制造前景”。他们会告诉对手：“如果我们第一次向你订货，你的开价较低，那么我们后续会继续向你订货。”三是“虚张声势”。例如，他们会说“太不公平了”，或者梆梆地敲桌子以示不满和抗议。为迎合俄罗斯商人的心理，可事先准备一份有适当溢价的报价表，以此为后期洽谈留下余地。

（4）注重技术细节

俄罗斯商人特别重视谈判项目中的技术细节，常常在谈判中索要各种技术资料。例如，在进行引进技术的谈判中，俄罗斯商人常会索要设计图纸、各种产品的技术说明等。此外，俄罗斯谈判队伍中的技术专家也会就产品的技术问题进行反复磋商。

谈判典例

2019 年 7 月，俄罗斯某公司打算从法国某机械设备厂引进生产设备和标准化生产流程，双方就具体细节展开了谈判。

俄方谈判人员在谈判前做了充分的调查，在谈判中他们特别重视技术的具体细节，索要的东西也包罗万象。他们就设备的装备图纸、原材料证明书、零件清单等细节向法方进行详细了问询。在谈判中止阶段，俄方团队的技术专家围坐桌前，共同商讨设备的设计方案。在首轮谈判结束前，法方同意俄方谈判人员去法国设备厂进行现场考察的要求。

在经过现场考察及多轮谈判后，双方进入合同签订阶段。俄方对合同中的索赔条款也十分慎重。在签订合同前，俄方谈判人员反复确认了设备维修指南、生产流程的细节及合同的索赔条款。法方要求俄方不得泄露技术细节，对于设备装配图纸、原材料证明书等不得向外披露。此次谈判历经半年，双方于 2020 年 1 月正式签订了合同。

5. 意大利商人的谈判风格

意大利商人的谈判风格与法国商人有很多共同之处，都非常重视个人在商务谈判中所起的作用。意大利商人注重着装，讲求品味，对谈判环境有较高的要求。在谈判时，意大利商人喜欢做手势，易情绪激动，会为小事争论不休，在价格方面更是寸步不让。此外，意大利商人对商品质量、性能等事宜的关注程度不高，他们比较注重节约，不愿多花钱追求高品质。同时，意大利商人的时间观念不强，可能会不遵守约定的时间，有时候甚至会单方面取消约会。

6. 北欧商人的谈判风格

（1）务实稳重

北欧商人属于务实型，注重规划，喜欢按部就班、有条不紊地按照计划进行谈判活动。他们在谈判中沉着冷静、平稳从容、头脑灵活，善于发现和把握达成交易的最佳时机。

（2）谦恭坦诚

在谈判时，北欧商人讲求礼貌、态度谦恭。他们善于与谈判对手搞好关系，追求和谐的谈判氛围，但也不会一味迎合对方的要求。同时，北欧商人在谈判中为人坦诚，愿意表露个人观点，能够提出建设性意见。

（3）不喜欢无休止地讨价还价

北欧商人不喜欢谈判对手无休止地讨价还价。在谈判中，他们不愿争论细枝末节的问题，若对对方的提议存在疑虑，会重新评估对方的业务能力及企业的水平。

9.2.4 其他国家商人的谈判风格

1. 非洲商人的谈判风格

非洲商人在商务谈判时可能会出现不准时到会的情况。因此，在与非洲商人谈判时要约定好时间，保持耐心，不厌其烦地进行督促提醒。而在开始谈判时，非洲商人要很长时间才能转入正题，对此要有充分的思想准备。此外，非洲商人性格直爽，说话表情丰富，节奏感强，他们会直接表达自己的想法和意见，不拐弯抹角。然而，在一些复杂问题上，他们往往答应得爽快，但实施起来可能并非易事。

谈判小贴士

与非洲商人做生意，要考虑有关国家的经济是否稳定，局势是否动荡。若经济政策不稳定，汇率变化剧烈，则在与该国企业贸易时要更加谨慎。

2. 澳大利亚商人的谈判风格

（1）注重效率，精于谈判

澳大利亚商人很重视谈判的效率，一般在与谈判对手经过简单寒暄后，就会直接进入正题。而且，通常会委派有决定权的谈判人员来进行谈判，以免在谈判过程中浪费时间。此外，澳大利亚商人坦率直接，不愿在讨价还价问题上多花时间。例如，在采购谈判中，他们通常会直接以最低报价招标并成交，不给对方讨价还价的机会。

（2）签约稳重，重视信誉

澳大利亚商人待人随和真诚，但对个人交往和商务交往区分严格，十分重视信誉。澳大利亚商人非常注重对对方谈判人员的第一印象，若在谈判中言行不当就会产生不良影响。他们在签约时很谨慎，不轻易签约。然而，一旦签约，违约情况也很少发生。

3. 阿拉伯商人的谈判风格

（1）注重友情，热情好客

阿拉伯商人十分好客，注重友情。但他们也很倔强固执，不会轻易相信别人。他们不喜欢刚见面就匆忙谈生意，认为一见面就谈生意是不礼貌的。因此，在与阿拉伯商人谈判之前，可以先和他们成为朋友，争取他们的好感和信任。

（2）爱讨价还价

阿拉伯商人在做生意时喜欢讨价还价，认为讨价还价是对对方的尊重。他们喜欢讨价还价的过程甚于价格本身，因此在与阿拉伯商人进行谈判时，要建立起讨价还价的意识，迎合他们爱讨价还价的习惯，制订相应的方案。

（3）谈判节奏慢

对于谈判中的某项提议，阿拉伯商人会交由己方的技术专家证实是否可行且有利可图，因此他们做出决策的时间很长。当不满于对方的建议时，他们会拖延谈判。因此，在与他们进行谈判时，要有足够的耐心，欲速则不达。

实战演练

模拟谈判

任务概述

国外某公司 A 与中国某公司就某项技术出让进行谈判。由于谈判已进行了一周，但仍进展缓慢，于是 A 公司代表罗尼先生告诉中方代表李先生他还有两天时间可谈判，希望中方配合，能在次日拿出新的方案来。

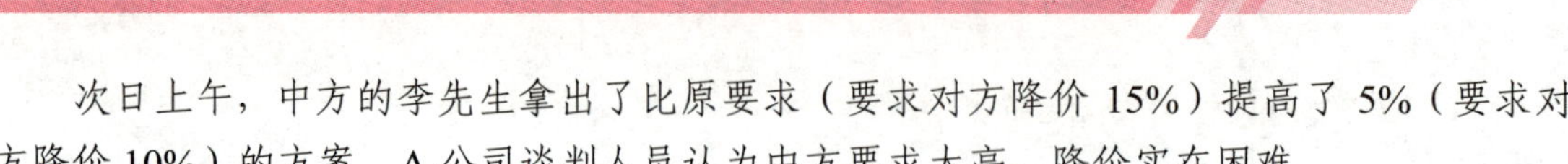

次日上午，中方的李先生拿出了比原要求（要求对方降价 15%）提高了 5%（要求对方降价 10%）的方案。A 公司谈判人员认为中方要求太高，降价实在困难。

经过多次交锋，A 公司人员告诉中方人员他们已拿出最后价格，若中方还不接受那他们就准备乘明天下午两点半的飞机回国，并抽出机票在中方谈判人员面前亮了一下。中方人员派人调查是否有下午两点半的航班，之后推断出己方仍有讨价还价的可能。于是给对方打了电话，表明中方可以再提高 2%，即从希望对方降价 10%改为希望对方降价 8%。对方听到中方有改进的意见后没有走，只是仍认为中方要求太高。

请同学们分角色扮演国外某公司 A（自主选择谈判人员的国家类别）和中国某公司的谈判人员，创设情景进行模拟谈判。

任务分组

全班学生自由分组，每组 7～9 人，各组选出组长并进行任务分工，将小组成员及分工情况填入表 9-1 中。

表 9-1　小组成员及分工情况

班级		组号		指导教师	
小组成员	姓名	学号	任务分工		
组长					
组员					
组员					

任务实施

按照小组分工情况开展模拟活动，并将具体的实施情况记录在表 9-2 中。

表 9-2　实施情况记录表

时间安排	实施步骤
	1．小组讨论，创设情景，确定双方谈判人员国籍、人数、性格特点等，并进行角色分配
	2．根据所分配角色，以小组为单位制订谈判方案，确定主体目标，规定谈判期限，明晰人员职责及谈判策略
	3．分角色进行模拟谈判，并通过视频记录
	4．总结心得 （1）分析双方的谈判风格，总结所运用的谈判策略 （2）总结此次模拟实践不足的地方

评价反馈

各组配合指导老师完成如表 9-3 所示的考核评价表。

表 9-3　考核评价表

项目名称	评价内容	分值	评价分数		
			自评	互评	师评
成果评价（30%）	角色分工明确，谈判场景合理	10			
	能够正确总结模拟谈判中所用谈判策略，以及存在的不足	10			
	视频剪辑镜头连贯、内容详尽	10			

（续表）

项目名称	评价内容	分值	评价分数		
			自评	互评	师评
技能评价（50%）	能够针对各国商人的谈判风格，制订相应的策略	10			
	能够根据所学知识，在模拟谈判中经过充分沟通，了解对方需求	10			
	能够根据所学知识合理制订谈判方案，进行模拟谈判	20			
	在模拟谈判中，能够灵活应对突发状况	10			
素养评价（20%）	着装规范，表情自然	10			
	具备团队精神，能够积极与他人合作	10			
合计		100			
总评	自评（20%）+互评（20%）+师评（60%）=	教师（签名）：			

素质园地·和谐共生

全球气候治理谈判

在全球化深入发展的今天，各国利益深度交融，越来越成为你中有我、我中有你的命运共同体。通过国际合作应对全球性挑战，已经成为各国的明智选择。气候变化是典型的全球性议题，在国际议程中地位突出。

气候变化与人类生存和各国发展模式密切相关，围绕全球气候治理的谈判从来就不是一个简单的科学问题。1992 年通过的《联合国气候变化框架公约》为国际合作应对气候变化提供了法律框架，确定了发达国家与发展中国家按照共同但有区别的责任原则应对气候变化的基本机制。1997 年通过的《京都议定书》和 2012 年通过的《〈京都议定书〉多哈修正案》为进一步落实《联合国气候变化框架公约》作出了积极探索。但气候变化给人类社会带来的威胁与挑战依然存在。

随着国际社会应对气候变化的紧迫感持续增强，各国也在不懈探索人类未来发展模式和发展道路。可持续发展理念不断深入人心，绿色低碳发展渐成全球潮流，合作应对气候变化逐步形成共识。这为推进全球气候治理进程带来了新契机。在此背景下，2011 年气候变化德班会议开启了新的谈判进程，计划在 2015 年的巴黎大会上达成新的法律协议，建立适用于所有国家的 2020 年后应对气候变化新机制。这一谈判进程关系到全球应对气候变化事业的前景，关系到人类可持续发展的未来，国际社会高度关注。

中国国家气候变化专家委员会副主任何建坤表示，巴黎气候变化大会前，中国与美国、法国、印度、巴西等主要经济体分别发表了应对气候变化的多个联合声明，气候谈判中的法律约束力、资金、力度等焦点分歧在这些联合声明中都有描述，为巴黎气候变化大会的成功凝聚了共识。2015 年 11 月 30 日，约 150 个国家元首或政府首脑出席了巴黎大会开幕活动，盛况空前，将多边气候外交推向新的高潮。经过艰苦谈判，巴黎大会最终协商一致通过了《〈联合国气候变化框架公约〉巴黎协定》。《巴黎协定》确立了 2020 年后国际合作应对气候变化的基本框架，创立了以“国家自主贡献”为核心、“自下而上”、相对宽松灵活的温室气体减排模式，开启了全球气候治理的新阶段。巴黎大会也因此成为全球气候治理进程的一座重要里程碑。

中国代表团成员、国家应对气候变化战略研究和国际合作中心副主任邹骥透露，没有中国的坚持，最终的《巴黎协议》不会像现在这样体现出发达国家和发展中国家的“共同但有区别的责任”。协议中敦促发达国家缔约方提高其资金支持水平、“制订切实的路线图”的内容就是由中方提出，最终正式写入协议。

随着中国综合实力不断增强、生态文明建设持续推进，中国在气候治理领域的国际话语权和影响力持续上升，逐步迈向世界舞台中央，成为全球气候治理不可或缺的重要参与方。站在实现国内发展转型和人类共同发展的历史高度，中国政府更加开拓创新、自信进取，积极应对气候变化问题，建设性参与全球气候变化国际合作和谈判，成功促成巴黎大会达成历史性的《巴黎协定》，为全球气候治理进程作出了中国贡献。

资料来源：http://theory.people.com.cn/n1/2016/0401/c367652-28244976.html

项目 10

了解网络商务谈判

项目导读

网络商务谈判是以互联网为手段展开的谈判活动。作为一种新的谈判方式，网络商务谈判降低了谈判的成本，提升了谈判的效率，因而具有强大的吸引力，是谈判发展的必然结果。

学习目标

知识目标

- ✧ 了解网络商务谈判的作用和形式
- ✧ 掌握网络商务谈判的基本流程
- ✧ 熟悉网络商务谈判的风险

技能目标

- ✧ 能够收集、分析、整理与网络商务谈判相关的信息
- ✧ 掌握网络商务谈判中的风险，在实际应用中能够有效规避风险
- ✧ 能够利用互联网，进行网络商务谈判

素质目标

- ✧ 正确认识网络商务谈判，培养网络风险意识
- ✧ 将网络商务谈判知识应用于实践活动中，做到知行合一
- ✧ 提升法律意识，做到自觉守法，依法办事

谈判现场

中国—东盟商贸洽谈会

由中国—东盟商务协会总会、中国亚洲经济发展协会品牌管理专业委员会主办，北京领讯时代文化传媒有限公司、马来西亚发林集团、亚洲星云品牌管理（北京）有限公司承办的“第二届中国—东盟商贸洽谈会”于 2021 年 11 月 8 日在线上开幕。

在本次线上洽谈会上，来自中国、马来西亚、新加坡、印度尼西亚、缅甸等国的商会和企业代表分别发言，交流商机。本次线上洽谈会还设置了物流运输、汽车零配件、食品饮料、跨境电商等多个专题对接会，企业可通过视频进行洽谈，推进投资合作事宜，实现“云互动”。本次线上洽谈会助力各国企业匹配商机，实现多方共赢，提前为 2022 年《区域全面经济伙伴关系协定》（RCEP）生效搭建区域间经贸合作的商业信心和友好氛围。

本次“中国—东盟商贸洽谈会”是中国—东盟建立贸易合作关系 30 年以及建立战略伙伴关系 18 年来取得成就的一个缩影。会议满足了海内外经贸企业的商业合作需求，同时加强了中国和东盟之间的经贸文化交流，将有力地促进亚太地区的经济发展，对区域的和平与发展起到重大的促进作用。

思考

你对网络商务谈判了解多少？你认为网络商务谈判的优势是什么？

谈判课堂

任务 10.1　了解网络商务谈判的基础知识

网络商务谈判是借助于互联网进行协商对话的，是伴随着电子商务的兴起而出现的一种新型谈判方式。网络商务谈判为谈判双方提供了丰富的信息资源，降低了谈判的成本，因而具有强大的吸引力。了解网络商务谈判的基础知识能够更好地为网络谈判服务，促成签约。

10.1.1 网络商务谈判的作用

1. 提高谈判的客观性

网络商务谈判能够让谈判双方进行跨区域谈判沟通，双方谈判人员不必面对面交谈，在某种程度上提高了谈判的客观性。

首先，在网络商务谈判中，谈判人员只需耗费少量的时间就可以实现信息互通，双方有充分的时间仔细研究谈判细则，向领导汇报谈判进程、咨询意见，这能够使决策结果更客观、科学。其次，双方不必顾及对方谈判人员的身份、性格及偏好，可以把主要精力集中在谈判条件和谈判结果上，在一定程度上摒弃了一些主观因素的影响，提高了谈判的客观性。

2. 降低谈判成本

与传统的商务谈判相比，网络商务谈判能够大大降低谈判的成本。

在网络商务谈判中，谈判人员不需要四处奔走，双方仅需要通过互联网就可以确定谈判议程，实现询价、报价、讨价还价等环节。此举能够减少双方在食宿、通信等方面的开支。此外，若谈判期限较长或地点较远，网络商务谈判还能够节省时间成本。

3. 提高谈判效率

网络商务谈判能够最大限度地缩短谈判时间，使谈判双方获取更全面的信息资源，提高谈判效率。

传统的商务谈判需要花费大量的时间在分析情况、制订谈判方案、组建谈判队伍上。同时，在前期做背景调查的过程中，可能会存在资源、时间受限等因素。但是，借助互联网庞大的信息库，谈判人员就能够有更多的信息来源，掌握更全面的信息，从而节省谈判时间，提升谈判效率。

谈判典例

欧洲 A 公司原定 2021 年 1 月到日本 B 公司就进口工程设备进行谈判磋商。但由于国内外疫情形势严峻，不能如期成行。基于此前双方有过友好合作，且对双方公司的基本情况有一定的了解，双方决定采取视频会议的形式进行在线谈判。

谈判开始，B 公司谈判人员首先从设备性能、优势方面进行了阐述，并向 A 公司在线传送了一份设备详细价目表。A 公司认为 B 公司的价格偏高，告诉对方：“在贸易方面，我们曾有过良好的关系，我们也很有进一步合作的诚意，我希望贵方的价格可以再降些。”

B 公司谈判代表闻言说：“鉴于我们双方之前的合作很愉快，这样吧，我们再降 10 万美元。”A 公司谈判代表说：“实不相瞒，我们对市场上同样的设备做了对比分析，也了解价格行情，如果贵公司同意，我们打算后续继续订购此设备，希望贵公司能报最优惠的价格，这是我们此次打算订购的数量及后续订购的安排。”B 公司代表说完后向 A 公司发送了一份设备订购明细。

A 公司在综合考虑了 B 公司的条件后，同意了 B 公司的要求，将价格在原始报价的基础上降了 18 万美元。待各项条款都谈妥后，双方在线签订了协议，比原定计划谈判时间缩短了两周。

10.1.2 网络商务谈判的形式

根据不同的沟通工具来划分，网络商务谈判可以分为以下两种形式。

1. Email 谈判

Email 谈判是指谈判双方利用电子邮件进行信息交流的谈判，属于书面谈判。Email 谈判的优势主要有以下两个方面。

（1）制造“缓冲区”

在传统谈判中，谈判双方通常是面对面使用语言进行信息交流的，需要在有限时间内做出决策。双方一旦停止交流，就可能是谈判出现了僵局。而 Email 谈判能够制造一个“缓冲区”，给谈判双方留有足够的时间和空间进行周密的思考。

（2）提高决策科学性

借助 Email 进行联系和沟通时，谈判人员不仅能够有更多的时间和空间进行思考，提出更多的解决方案，还能够有时间向企业领导或决策机构咨询意见，有利于慎重决策，提高决策的科学性。

然而，Email 谈判也存在一些弊端。首先，由于谈判双方是利用 Email 进行沟通的，缺乏非正式交流的机会，如谈判间隙的随意聊天，因而谈判双方不容易建立信任关系，冲突和误会也更容易升级。其次，谈判双方无法利用身体语言（如表情和肢体动作）来探寻对方的心理变化，也就无法有针对性地施展各种策略和技巧，因而沟通的效果有限。最后，使用 Email 进行谈判还会有反馈不及时的情况。因 Email 谈判并不是实时进行的，谈判人员无法立即获得对方的反馈，所以双方的沟通会存在时间延迟。

此外，需要注意的是，在进行 Email 谈判之前，双方应就沟通方式、回复时限、是否允许转发等问题提前进行讨论；在使用 Email 进行谈判时，要尽量做到内容精练、表达清晰。

2. 即时通信谈判

即时通信谈判是指利用聊天工具建立一个智能会议空间，从而实现即时通信的一种谈判。通常来说，即时通信谈判常用的即时通信工具主要包括 QQ、微信、Skype 等。即时通信谈判的优势包括以下几个方面。

（1）获得即时信息

即时通信谈判能够让谈判双方获得即时信息。在即时通信谈判中，谈判双方同时在线，可以对对方的要求进行及时反馈，也可以及时提出自己的要求。

（2）交流方便、顺畅

即时通信谈判具有信息交流量大、方便快捷的特点，能使交流更顺畅、便捷。使用即时通信工具既可以传输文字，也可以进行语音、视频聊天（见图 10-1），同时仅需几分钟甚至几秒的时间就可以把双方所需的文件、图片及时准确地传送给对方。

图 10-1　谈判双方举行视频会议

（3）突破时间、空间限制

即时通信谈判可以 24 小时全天进行，不受时间和空间的限制，降低了谈判的成本。

此外，即时通信谈判和 Email 谈判一样，也存在一些弊端。一方面，谈判双方不容易建立信任关系，双方的交流和沟通存在障碍，很容易产生误会和矛盾。另一方面，由于传统的面对面谈判需要双方付出人力、物力、财力成本，因此双方都会各尽所能促成交易。而即时通信谈判的成本远远小于面对面谈判的成本，双方选择的余地也更多，所以只要稍不满意，一方就可能结束谈判，转而寻找下一个谈判对象。

任务 10.2　掌握网络商务谈判的基本流程

网络商务谈判的基本流程包括寻找谈判对象、进行信息调研、组织谈判和签订合同。

10.2.1　寻找谈判对象

寻找谈判对象是进行网络商务谈判的第一步。当前网络信息高速发展，利用互联网寻找潜在谈判对象能够弱化信息的不对称性和不完全性，有效降低搜寻成本。一般来说，谈判人员可以通过以下两种途径寻找谈判对象。

1. 主动搜索

买家或卖家利用搜索引擎或者进入专门的电子商务网站，然后依据自己的需求寻找合适的交易对象。当满足条件的目标出现时，通过进一步的筛选将范围缩小，经过比较最终选定谈判对象。

谈判小贴士

常用的搜索引擎有百度、Google、360 搜索、必应、Yandex（俄罗斯搜索引擎）、Goo（日本搜索引擎）等。如果寻找目标是国内客户，可利用百度、360 搜索等国内搜索引擎进行搜索。如果寻找目标是国外客户，可使用 Google、Yandex、Goo 等搜索引擎搜索。

2. 网络推广

网络推广是指使用一定的方法通过互联网来推广自己，让潜在客户主动联系自己。可以在搜索引擎或相关论坛上发布相关信息，还可以在目标客户聚集的行业知名网站上对自己的产品进行推广，从而提高知名度。这种方法相对来说较为被动，但使用这种方法找到的客户可能合作的意向更强。

10.2.2　进行信息调研

商务谈判的成败在一定程度上取决于对信息资料的掌握程度，对信息资料掌握越多，在谈判中就越得心应手。因此，在选定谈判对象之后，谈判人员要通过各种渠道进行信息调研。

在网络商务谈判中，谈判人员可以利用互联网进行信息调研。首先，可通过对方企业网站或互联网搜索了解谈判对象的相关信息，包括谈判对象的需求、资信状况、履约能力，以及其所委派谈判人员的构成、权限、谈判风格等。其次，可通过企业内部管理系统对己方及己方谈判人员的情况进行了解，最后，可通过新闻资讯、相关论坛等了解当前的贸易环境。

10.2.3 组织谈判

1. 选择谈判形式

网络商务谈判可以通过各种形式进行，在选择谈判形式时，要综合考虑各种因素。例如，在己方谈判时间、个人精力不足的情况下，可以选择 Email 谈判；若急于达成交易，谈判双方又可同时在线，那么可以利用常用的即时通信工具进行即时谈判。

2. 确定人员构成

在进行网络商务谈判前，双方要确定谈判团队的人员构成。相比传统的商务谈判，网络商务谈判摆脱了谈判人数的制约，在人员组织上有更大的灵活性。因此，谈判人员的组成、数量可根据谈判形势的变化随时进行更换和补给，最大限度地发挥集体智慧。

3. 制订谈判方案

在网络商务谈判中，通常采用纵向谈判的方式。因此，在制订谈判方案时，要注重逻辑性，将需要谈判的问题按照主次顺序排列，谈判时在主要问题解决后再转入下一问题。这种方式可以避免多头牵制、议而不决的弊病，提高谈判的效率。

4. 开始谈判

待完成各项准备工作后，谈判双方开始进行网络谈判。首先由卖方报价，买方回应，之后双方进入讨价还价阶段。在经过多个回合的交锋后，根据双方意向可进入电子合同的签约阶段。

10.2.4 签订合同

电子合同的优势

同传统的商务谈判一样，在经过充分的信息交流和讨价还价之后，买卖双方达成交易意向就可以进入签约阶段，以一定的形式确定双方的权利和义务关系。

在网络商务谈判中，谈判双方一般采用电子合同的形式签约。电子合同是指在网络条件下，当事人之间为了实现一定目的，通过电子邮件和 EDI（电子数据交换）明确相互权利义务关系的协议。

电子合同签订过程简单快捷，具体如下：谈判一方使用智能文档设计工具编辑合同内容（也可以从 word 文档直接导入），签约双方填写相关交易信息并确认后，在电子合同上盖上电子印章。这样，一份具有法律效力的电子合同就生效了。

谈判小贴士

相比传统合同来说，电子合同的风险性更高。电子合同的信息内容记录于计算机中，其修改、储存均通过计算机进行，存储数据可能会丢失或被修改。所以，必须采取保护措施，对电子合同内容进行加密。

任务 10.3　熟悉网络商务谈判的风险

在网络商务谈判中，风险是不可避免的。只有正确认识网络商务谈判中的风险，才能更好地规避风险、减少损失。在网络商务谈判中面临的风险主要有信用风险、信息风险和法律风险。

10.3.1　信用风险

信用风险是指由于商务活动中的一方或双方不承担合同规定的履约责任所导致的风险。在网络商务谈判中，谈判双方互不见面，仅通过网络进行联系，在背景调查过程中可能会存在遗漏，这可能会增大谈判双方在身份确认、信用评价等方面的难度，从而引发信用风险。如果交易前能够确认交易者的信用，那么信用风险自然就会降低，但也要注意网络谈判中恶意炒作信用的做法。

此外，与传统的商务谈判相比，网络谈判虽然可以有效降低成本，但因其虚拟性可能会导致谈判过程中信息的不对称。作为买方只能通过网上所呈现的文字或图片来了解商品，但可能收到的商品质量达不到预期。同样，作为卖方，也无法确认买方是否会支付相关款项。

谈判典例

小李想买一台电脑，这款电脑的官方售价是 5 800 元，某二手平台上的转卖价是 4 000 元左右。小李在该平台上偶然看到一个二手卖家只卖 3 300 元，在联系卖家之后，小李添加了该卖家的 QQ，双方在 QQ 上谈好以 3 200 元的价格成交。随后，小李点进了卖家发给他的链接。小李在付款后发现此链接是假链接，才意识到被骗了。

谈判问答

你对电子商务活动了解多少？你是否有过网购被骗的经历？

10.3.2 信息风险

任何形式的谈判都必须要保证信息安全，确保企业的机密不被泄露。网络商务谈判是借助于互联网而展开的，由于互联网的开放性及虚拟性，网络信息的传播更自由、即时，所以在网络商务谈判中难免会存在信息风险。一般来说，网络商务谈判中的信息风险主要由以下原因引起。

1. 网络安全隐患

网络安全是指网络系统的硬件、软件、数据受到保护，不因偶然或恶意的原因而遭到破坏、更改、泄露，网络系统能连续正常地工作。然而，随着互联网的发展，网络用户群体日益扩大，网络安全隐患有增无减。利用互联网进行聊天或收发邮件时，若操作不当，很可能会造成信息泄露，从而给企业造成损失。此外，网络黑客侵入数据库和系统，盗取企业的商业信息，也会给企业带来难以挽回的损失。

2. 计算机病毒传播迅速

网络在为人们带来便捷的同时，也隐藏着巨大的危机。一些计算机病毒传播迅速且破坏性较大，会在用户打开网页时攻击计算机系统，导致数据混乱、系统不完整或系统失效等，严重影响网络商务谈判的信息安全。

拓展阅读 TUOZHAN YUEDU

计算机病毒的传播和预防

计算机病毒主要通过移动存储设备(如移动硬盘、U 盘和光盘)、局域网和 Internet（如网页、邮件附件、从网上下载的文件）等途径传播。因此，要预防计算机病毒，除了要加强计算机自身的防护功能外，还应养成良好的计算机使用和上网习惯。

第一，慎用移动存储设备。对外来的移动存储设备要进行病毒检测，确认无毒后再使用。对执行重要工作的计算机最好专机专用，不用外来的存储设备。

第二，文件来源要可靠。慎用从 Internet 上下载的文件，因为这些文件可能包含病毒。

第三，安装操作系统补丁程序。许多病毒都是利用操作系统的漏洞入侵的，因此，应及时下载相关补丁来修复漏洞。目前，许多安全软件都带有系统漏洞修复功能。

第四，安装杀毒软件。利用杀毒软件的病毒防火墙可以防范病毒入侵。当计算机感染病毒后，还可以使用杀毒软件查杀病毒。

第五，安装网络防火墙。网络防火墙能防范木马窃取计算机中的数据，以及防范黑客攻击。

第六，养成良好的上网习惯。不要打开来历不明的电子邮件及其附件，不要浏览来历不明的网页，不要从不知名的站点下载软件。

使用 QQ 等聊天工具聊天时，不要轻易接收别人发来的文件，不要轻易打开聊天窗口中的网址等。

3. 数据加密技术不完善

在网络商务谈判中，无论是企业自己的数据，如计划书、图纸、生产销售数据等，还是企业间交换的契约、合同，或者是用户的订单、支付信息等都是十分机密的数据。双方谈判人员需要采用严密的防范措施来对这些信息进行加密，保证其存储和传输的安全性。

针对网络商务谈判中的数据保密性问题，目前使用的是数据加密技术。所谓数据加密是指将一个信息（或称明文）经过加密钥匙及加密函数转换，变成无意义的密文，而接收方则将此密文经过解密函数、解密钥匙还原成明文。但这种加密技术的缺点是密钥太短，保密性不强，仍然会存在数据信息被非法窃取、泄露、删除和破坏的情况。

4. 谈判一方获取的信息不完整

在网络商务谈判中，信息在传输时可能会出现各种突发状况，如信息丢失、信息重复、信息传递次序不同等，从而导致谈判双方获取的信息不对等。而保持信息的一致性、完整性是网络商务谈判成功的基础。因此，在网络商务谈判中要保证信息不被随意修改、删除，同时要保证信息传送次序的统一，防止数据传送过程中信息丢失或重复发送。

10.3.3 法律风险

法律风险是指企业由于法律法规因素所需要承担的潜在经济损失或其他损害的风险。网络商务谈判的虚拟环境不同于传统商务环境，会产生很多传统商事法律难以调整的新问题，进而引发法律风险。其主要表现在以下两方面。

1. 电子合同的法律效力

电子合同与书面合同一样具有法律效力，但以电子数据形式形成的电子合同在签名的法律效力及信息安全问题上具有特殊性。同时，由于电子合同的当事人双方不是面对面进行合同的签署，还会遇到如当事人身份的确认、信息输入错误等问题。这些问题都需要特定的法律法规来进行规范，否则“电子合同与书面合同具有同等法律效力”难以得到相应的保障。

2. 程序法上的风险

电子商务的活动范围不受地域限制，因此，若在网络商务谈判过程中发生纠纷，会遇到解决纠纷成本高昂、管辖权难以确定等问题。因此，为了应对这种类型的风险，谈判双方可预先通过合同，约定发生纠纷时管辖的法院和所适用的法律。

实战演练

社会实践：网络购物

任务概述

为准备迎新活动，北京某职业技术学院文学院打算购买一批文具，其中包括文件夹 300 册、记事本 300 本、签字笔 100 盒。

请同学们通过购物网站寻找合适的商家，就购买价格与商家进行谈判，并用录屏的形式记录谈判的过程。在网络谈判结束后，各小组对比购买的价格，并上交一份实践报告。

任务分组

全班学生自由分组，每组 7～9 人，各组选出组长并进行任务分工，将小组成员及分工情况填入表 10-1 中。

表 10-1　小组成员及分工情况

班级		组号		指导教师	
小组成员	姓名	学号	任务分工		
组长					
组员					

任务实施

按照小组分工情况开展实践活动，并将具体的实施情况记录在表 10-2 中。

表 10-2　实施情况记录表

时间安排	实施步骤
	1．选定商家 （1）在各类购物网站上利用关键词搜索相关的商家 （2）从商家的企业网站及买家评论等多个渠道，了解商家的资信能力、经营作风及产品质量 （3）经过各方面对比分析，选定谈判对象
	2．与商家谈判 （1）登入网站 （2）与商家进行价格磋商，并通过录屏记录谈判过程
	3．讨论与总结 （1）各组对比购买的价格 （2）总结收获与不足
	4．撰写实践报告

评价反馈

各组上交实践报告，并配合指导老师完成如表 10-3 所示的考核评价表。

表 10-3　考核评价表

项目名称	评价内容	分值	评价分数		
			自评	互评	师评
成果评价（30%）	谈判过程记录完整	15			
	实践报告内容完整，逻辑清晰	15			
技能评价（50%）	能够根据所学知识，在各类购物网站寻找合适的商家	10			
	能够根据所学知识，收集、分析、整理与谈判相关的信息	15			
	能够通过对各类信息的分析，选定合适的谈判对象	10			
	在网络谈判过程中，能够合理运用各种谈判策略，灵活应对突发状况	15			
素养评价（20%）	具备团队精神，能够积极与他人合作	10			
	具有良好的沟通能力	10			
合计		100			
总评	自评（20%）+互评（20%）+师评（60%）=	教师（签名）：			

参考文献

[1] 卢海涛. 商务谈判 [M]. 北京：电子工业出版社，2020.

[2] 樊建廷. 商务谈判 [M]. 大连：东北财经大学出版社，2018.

[3] 李建民. 国际商务谈判案例 [M]. 北京：经济科学出版社，2015.

[4] 朱春燕，陈俊红，孙林岩. 商务谈判案例 [M]. 北京：清华大学出版社，2011.

[5] 秦勇，张黎. 商务谈判教程 [M]. 北京：中国发展出版社，2017.

[6] 滕凤英，冯文静. 商务谈判实务 [M]. 北京：北京理工大学出版社，2020.

[7] 王军旗. 商务谈判——理论、技巧、案例 [M]. 北京：中国人民大学出版社，2014.

[8] 叶伟巍，朱新颜. 商务谈判 [M]. 杭州：浙江大学出版社，2014.

[9] 张守刚. 商务沟通与谈判 [M]. 北京：人民邮电出版社，2020.

[10] 王振翼. 商务谈判与沟通技巧 [M]. 大连：东北财经大学出版社，2020.

[11] 韦宏，陈福明. 商务谈判与沟通技巧 [M]. 北京：高等教育出版社，2019.

[12] 李俭. 成为商务谈判高手：律师赢得谈判的实战策略 [M]. 北京：法律出版社，2020.

[13] 张文学，张海婷. 快速成为商务谈判高手 [M]. 北京：经济管理出版社，2020.

[14] 陈向军. 商务谈判技巧 [M]. 武汉：武汉大学出版社，2019.

[15] 刘春玉. 商务谈判技巧实训教程 [M]. 武汉：武汉大学出版社，2016.

[16] 王燕萍，吴春芬. 涉外商务谈判技巧与沟通 [M]. 北京：北京工业大学出版社，2017.

[17] 龚荒. 商务谈判与沟通 [M]. 北京：人民邮电出版社，2018.

[18] 人民教育出版社课程教材研究所职业教育课程教材研究开发中心. 国际商务谈判 [M]. 北京：人民教育出版社，2018.

[19] G. 理查德・谢尔（G. Richard Shell）. 沃顿商学院最实用的谈判课 [M]. 林民旺，李翠英译. 北京：机械工业出版社，2020.

[20] 周庆，易鸣，向升瑜. 给客户一个理由：华为销售谈判与沟通技巧 [M]. 北京：中国人民大学出版社，2018.